O HORÓSCOPO CHINÊS

**MANUAL COMPLETO
DO ZODÍACO CHINÊS**

Entenda sua
personalidade,
suas relações
e seu futuro

O livro é a porta que se abre para a realização do homem.

Jair Lot Vieira

O HORÓSCOPO CHINÊS

**MANUAL COMPLETO
DO ZODÍACO CHINÊS**

Entenda sua
personalidade,
suas relações
e seu futuro

SHIRU CHANG

Tradução de Max Welcman

mantra

O HORÓSCOPO CHINÊS
MANUAL COMPLETO DO ZODÍACO CHINÊS
SHIRU CHANG
TRADUÇÃO: MAX WELCMAN

1ª Edição 2015

© Shiru Chang
This edition was licensed by Editorial Edaf, SLU. www.edaf.net

© desta edição: *Edipro Edições Profissionais Ltda.* – *CNPJ nº 47.640.982/0001-40*

Todos os direitos reservados. Nenhuma parte deste livro poderá ser reproduzida ou transmitida de qualquer forma ou por quaisquer meios, eletrônicos ou mecânicos, incluindo fotocópia, gravação ou qualquer sistema de armazenamento e recuperação de informações, sem permissão por escrito do Editor.

Editores: Jair Lot Vieira e Maíra Lot Vieira Micales
Coordenação editorial: Fernanda Godoy Tarcinalli
Editoração: Alexandre Rudyard Benevides
Revisão: Tatiana Yumi Tanaka
Arte: Karine Moreto Massoca

Dados Internacionais de Catalogação na Publicação (CIP)
(Câmara Brasileira do Livro, SP, Brasil)

Chang, Shiru
    O horóscopo chinês : manual completo do zodíaco chinês / Shiru Chang ; tradução de Max Welcman. São Paulo : MANTRA, 2015.

    Título original: El horóscopo Chino
    ISBN 978-85-68871-00-3

    1. Astrologia 2. Horóscopos I. Título.

14-11653   CDD-133.59251

Índice para catálogo sistemático:
1. Horóscopo chinês : Astrologia 133.59251

mantra.

São Paulo: Fone (11) 3107-4788 – Fax (11) 3107-0061
Bauru: Fone (14) 3234-4121 – Fax (14) 3234-4122
www.mantra.art.br

SUMÁRIO

INTRODUÇÃO 9

PRIMEIRA PARTE
Conhecimentos gerais sobre o Horóscopo Chinês 11

O CALENDÁRIO LUNAR CHINÊS 13
   Como se contam os anos no calendário lunar? 14
   Quais são os doze animais do Zodíaco Chinês?........ 16
   Correspondência dos anos 17
   O *Yin* e o *Yang* 18
   Signos, aspectos e elementos dos anos 1900
      a 2019 20
   Os Cinco Elementos 24
   Os Cinco Elementos e a Medicina Tradicional
      Chinesa 26
   A personalidade do Metal 28
   A personalidade da Água 28
   A personalidade da Madeira 29
   A personalidade do Fogo 30
   A personalidade da Terra 31
   Como os Cinco Elementos incidem em nossa
      vida? 31

SEGUNDA PARTE
Os doze animais do Zodíaco Chinês 35

RATO 37
   O ano do Rato 39
   A personalidade da pessoa de Rato 40
   O Rato e os Cinco Elementos 42
   O Rato e seus Ascendentes 46
   Como a pessoa de Rato passa os outros anos do
      Zodíaco Chinês? 48
   A pessoa de Rato no amor 50

BOI 57
   O ano do Boi 59
   A personalidade da pessoa de Boi 60
   O Boi e os Cinco Elementos 62
   O Boi e seus Ascendentes 64
   Como a pessoa de Boi passa os outros anos do
      Zodíaco Chinês? 66
   A pessoa de Boi no amor 69

TIGRE 73
   O ano do Tigre 75
   A personalidade da pessoa de Tigre 76
   O Tigre e os Cinco Elementos 78
   O Tigre e seus Ascendentes 80
   Como a pessoa de Tigre passa os outros anos do
      Zodíaco Chinês? 83
   A pessoa de Tigre no amor 85

COELHO 89
   O ano do Coelho 91
   A personalidade da pessoa de Coelho 91
   O Coelho e os Cinco Elementos 95
   O Coelho e seus Ascendentes 98
   Como a pessoa de Coelho passa os outros anos do
      Zodíaco Chinês? 101
   A pessoa de Coelho no amor 105

DRAGÃO 109
O ano do Dragão 111
A personalidade da pessoa de Dragão 112
O Dragão e os Cinco Elementos 114
O Dragão e seus Ascendentes 116
Como a pessoa de Dragão passa os outros anos do
Zodíaco Chinês? 118
A pessoa de Dragão no amor 121

SERPENTE 127
O ano da Serpente 129
A personalidade da pessoa de Serpente 130
A Serpente e os Cinco Elementos 132
A Serpente e seus Ascendentes 134
Como a pessoa de Serpente passa os outros anos do
Zodíaco Chinês? 136
A pessoa de Serpente no amor 139

CAVALO 143
O ano do Cavalo 145
A personalidade da pessoa de Cavalo 146
O Cavalo e os Cinco Elementos 149
O Cavalo e seus Ascendentes 151
Como a pessoa de Cavalo passa os outros anos do
Zodíaco Chinês? 154
A pessoa de Cavalo no amor 156

CABRA 163
O ano da Cabra 164
A personalidade da pessoa de Cabra 165
A Cabra e os Cinco Elementos 167
A Cabra e seus Ascendentes 169
Como a pessoa de Cabra passa os outros anos do
Zodíaco Chinês? 172
A pessoa de Cabra no amor 174

MACACO 179
O ano do Macaco 180
A personalidade da pessoa de Macaco 181

O Macaco e os Cinco Elementos 184
O Macaco e seus Ascendentes 186
Como a pessoa de Macaco passa os outros anos do
    Zodíaco Chinês? 188
A pessoa de Macaco no amor 191

GALO 195
    O ano do Galo 197
    A personalidade da pessoa de Galo 198
    O Galo e os Cinco Elementos 199
    O Galo e seus Ascendentes 202
    Como a pessoa de Galo passa os outros anos do
        Zodíaco Chinês? 204
    A pessoa de Galo no amor 207

CÃO 211
    O ano do Cão 213
    A personalidade da pessoa de Cão 214
    O Cão e os Cinco Elementos 216
    O Cão e seus Ascendentes 218
    Como a pessoa de cão passa os outros anos do
        Zodíaco Chinês? 221
    A pessoa de Cão no amor 223

PORCO 229
    O ano do Porco 231
    A personalidade da pessoa de Porco 231
    O Porco e os Cinco Elementos 234
    O Porco e seus Ascendentes 236
    Como a pessoa de Porco passa os outros anos do
        Zodíaco Chinês? 238
    A pessoa de Porco no amor 241

REFERÊNCIAS 247

INTRODUÇÃO

Quando o Buda estava perto de falecer, quis convocar todos os animais da Terra para deixar-lhes um testemunho de sua Última Vontade. No entanto, somente doze animais foram ao seu encontro: o rato foi o primeiro a chegar, seguido de outros onze: boi, tigre, coelho, dragão, serpente, cavalo, cabra, macaco, galo, cão e porco. Como recompensa por sua devoção religiosa, o Buda converteu-os nos Doze Signos do Zodíaco chinês. Cada animal governa durante um ano, no qual influi decididamente sobre a personalidade e idiossincrasias dos que nascem em suas quatro estações.

Entretanto, evidentemente, os nascidos sob o domínio de um mesmo animal não têm temperamento idêntico nem se comportam da mesma forma. Isto se deve à influência de seus Ascendentes segundo a hora que nascem, porque cada animal reina durante duas horas ao longo do dia. Da mesma maneira, incidem em nossa personalidade outros fatores tão importantes para a filosofia tradicional da China, como o *Yin*, o *Yang* e os Cinco Elementos (o Metal, a Água, a Madeira, o Fogo e a Terra), que condicionam nosso mundo interior.

Este livro lhe explicará: De que animal você é? Qual é o seu Ascendente? Que Elemento carrega? Você é *Yin* ou *Yang*? Quais são suas características fortes ou vulneráveis? Quais são seus melhores e piores anos? Com quem você pode manter uma amizade duradoura e como seria a sua vida afetiva com os distintos signos do Zodíaco chinês? Além disso, ajudará você a compreender melhor a si mesmo e aos demais. Você passará a ser mais inteligente em sua conduta e poderá prever melhor as reações alheias.

Como a tradição chinesa baseia-se no calendário lunar, o começo deste livro trata sucintamente desse tema, oferecendo tabelas de correspondência com o calendário cristão. Para estudar a influência dos fatores externos que determinam nossa psicologia, convém considerar primeiro o signo do ano e logo o Ascendente, os Cinco Elementos, o *Yin* e o *Yang* etc.

O Horóscopo chinês é simples, de fácil manejo, o que lhe permitirá uma aproximação essencial à cultura oriental. Nesta viagem de descobrimento de sua própria personalidade e do mundo interior de seus amigos, rivais ou do ser amado, você só precisa conhecer a data de nascimento. Leia estas páginas, e as portas de uma sabedoria milenar se abrirão para você.

PRIMEIRA PARTE

**Conhecimentos gerais
sobre o Horóscopo Chinês**

O CALENDÁRIO LUNAR CHINÊS

Na China existem dois calendários: o lunar e o cristão (Gregoriano), denominados "Calendário *Yin*" e "Calendário *Yang*", respectivamente, cuja correspondência de datas aparece conjuntamente em todo tipo de calendários. Nessa dupla cronometria prevalece atualmente o calendário cristão, considerado como oficial, que tem uma posição predominante no sistema cronométrico: destaca-se com letras tipográficas maiores, em comparação com outras menores, em qualquer forma de publicação: livros, revistas, jornais, calendários escolares, de trabalho ou decorativos. Os anúncios cronológicos por rádio e televisão sempre colocam primeiro a data do calendário cristão, seguida da data do lunar chinês.

No entanto, o calendário lunar chinês nunca foi relegado ao esquecimento, subsiste com muita vitalidade na tradição e em nível popular, especialmente no campo, onde as atividades agrícolas estão estreitamente relacionadas a essa forma de cronometria. As "24 Temporadas"* (compostas cada uma por

---

*.
As "24 Temporadas" são:		
1. Começo da Primavera	2. Águas Pluviais	3. Despertar dos Animais
4. Equinócio da Primavera	5. Claro e Luminoso	6. Chuvas de Milho

quinze dias) são na realidade indicações nominativas dos fenômenos naturais e climatológicos predominantes da quinzena correspondente, como "Despertar dos Animais", "Chuvas de Milho", "Calor Moderado", "Geada" ou "Frio Rigoroso" etc. O calendário lunar rege as numerosas festas tradicionais: a Festa da Primavera (Ano-novo chinês), a Festa da Lua, a dos Faróis, a de Maio etc. É também o único critério válido na hora de determinar as datas do início do reinado de um novo signo do Zodíaco.

Tal como em outras civilizações, na China a forma de cronometrar o tempo segundo o movimento regular da Lua data de tempos remotos. No ano 2937 a.C., aos 61 anos do Reinado do Imperador Amarelo, elaborou-se o primeiro calendário lunar chinês, segundo o qual cada século consta de sessenta anos, distribuídos em cinco ciclos de doze anos cada um. A Era Tradicional Chinesa iniciou-se nesse mesmo ano (2937 a.C.) e vem se reciclando a cada sessenta anos. O século LXXVII (77) começou em 5 de fevereiro (início do ano segundo o calendário lunar) de 1924 e terminou em 1º de fevereiro de 1984. Estamos, portanto, no século LXXVIII (78). Em 19 de fevereiro de 1996 começou o segundo ciclo deste século chinês.

COMO SE CONTAM OS ANOS NO CALENDÁRIO LUNAR?

Os sessenta anos que compõem o século chinês possuem um sistema de numeração bastante complexo. Existem dez números chamados "Troncos Celestes", que são como os dez primeiros números ordinais: primeiro, segundo, terceiro... décimo.

7. Começo do Verão	8. Grãos de Semente	9. Solstício de Verão
10. Espiga	11. Calor Moderado	12. Calor Intenso
13. Começo do Outono	14. Fim do Calor	15. Orvalho Branco
16. Equinócio do Outono	17. Orvalho Frio	18. Geada
19. Começo do Inverno	20. Nevada Pequena	21. Nevada Grande
22. Solstício de Inverno	23. Frio Moderado	24. Frio Rigoroso

Ao mesmo tempo, existem outros doze números denominados "Ramais da Terra", que equivalem aos doze números cardinais: 1, 2, 3, 4,... 12.

A pronúncia desses números é difícil para um falante da língua portuguesa, e sua escrita, ainda mais complicada. Porém é suficiente saber que a representação dos sessenta anos do século chinês baseia-se na combinação dos números ordinais e cardinais, ou seja, o "Céu com a Terra". Isso supõe que se repetem seis vezes os números do "Céu" e cinco vezes os da "Terra", em combinações distintas. Isso se deve ao fato de que o número sessenta é múltiplo dos dez números "celestiais" e dos doze "terrenais".

As sessenta combinações são fixas e se repetem a cada século chinês. Não existe uma numeração global tal como no calendário cristão. Para os anais históricos, a posição cronológica costuma indicar primeiro a Dinastia (Tang, Song, Qing, por exemplo), logo o Reinado (Wudi, Wendi, Kangxi etc.) e depois

干支循續表

1	甲子	11	甲戌	21	甲申	31	甲午	41	甲辰	51	甲寅
2	乙丑	12	乙亥	22	乙酉	32	乙未	42	乙巳	52	乙卯
3	丙寅	13	丙子	23	丙戌	33	丙申	43	丙午	53	丙辰
4	丁卯	14	丁丑	24	丁亥	34	丁酉	44	丁未	54	丁巳
5	戊辰	15	戊寅	25	戊子	35	戊戌	45	戊申	55	戊午
6	己巳	16	己卯	26	己丑	36	己亥	46	己酉	56	己未
7	庚午	17	庚辰	27	庚寅	37	庚子	47	庚戌	57	庚申
8	辛未	18	辛巳	28	辛卯	38	辛丑	48	辛亥	58	辛酉
9	壬申	19	壬午	29	壬辰	39	壬寅	49	壬子	59	壬戌
10	癸酉	20	癸未	30	癸巳	40	癸卯	50	癸丑	60	癸亥

FIGURA 1: Tabela cronológica de um século chinês: sessenta combinações dos números do "Céu" e da "Terra".

os anos. Como somente em casos muito excepcionais (um ou dois casos)* um Reinado excede os sessenta anos, não há possibilidade de confusão.

QUAIS SÃO OS DOZE ANIMAIS DO ZODÍACO CHINÊS?

Como dissemos, cada ciclo chinês consiste em doze anos, que são representados por doze animais: **RATO, BOI, TIGRE, COELHO, DRAGÃO, SERPENTE, CAVALO, CABRA, MACACO, GALO, CÃO** e **PORCO**, respectivamente. Na China, popularmente, em vez de se dizer "O primeiro ano do ciclo" ou "O segundo ano do ciclo" etc., utiliza-se o Horóscopo chinês e se diz, por exemplo, "Ano do Rato", "Ano do Boi" etc., porque até as crianças sabem de cor essa sucessão dos doze signos.

ORDEM DO ZODÍACO CHINÊS

Nº 1	RATO
Nº 2	BOI
Nº 3	TIGRE
Nº 4	COELHO
Nº 5	DRAGÃO
Nº 6	SERPENTE
Nº 7	CAVALO
Nº 8	CABRA
Nº 9	MACACO
Nº 10	GALO
Nº 11	CÃO
Nº 12	PORCO

---

*. O Reinado Kang Xi, da última Dinastia Chinesa, durou 61 anos; e o Qian Long, também da última Dinastia, durou 60 anos. São os reinados mais extensos da história da China.

O Calendário Lunar Chinês

CORRESPONDÊNCIA DOS ANOS

1. Rato	1900	1912	1924	1936	1948	1960	1972	1984	1996	2008
2. Boi	1901	1913	1925	1937	1949	1961	1973	1985	1997	2009
3. Tigre	1902	1914	1926	1938	1950	1962	1974	1986	1998	2010
4. Coelho	1903	1915	1927	1939	1951	1963	1975	1987	1999	2011
5. Dragão	1904	1916	1928	1940	1952	1964	1976	1988	2000	2012
6. Serpente	1905	1917	1929	1941	1953	1965	1977	1989	2001	2013
7. Cavalo	1906	1918	1930	1942	1954	1966	1978	1990	2002	2014
8. Cabra	1907	1919	1931	1943	1955	1967	1979	1991	2003	2015
9. Macaco	1908	1920	1932	1944	1956	1968	1980	1992	2004	2016
10. Galo	1909	1921	1933	1945	1957	1969	1981	1993	2005	2017
11. Cão	1910	1922	1934	1946	1958	1970	1982	1994	2006	2018
12. Porco	1911	1923	1935	1947	1959	1971	1983	1995	2007	2019

Na China, uma das perguntas mais frequentes que se costuma fazer é: "De que animal você é?", para saber a idade da pessoa a quem nos dirigimos, porque não significa falta de educação nem de respeito perguntar a idade de um recém-conhecido, mesmo se tratando de uma senhora ou senhorita. A pessoa interpelada tampouco tem complexos ao revelar seu signo. Ainda que só existam doze animais, não é comum equivocar-se sobre a idade do outro, já que um jovem de 15 anos não é igual a um homem de 27, ainda que sejam do mesmo signo. Ademais, embora para os ocidentais pareça um pouco difícil acertar a idade de um oriental, entre estes últimos a idade não é nenhum mistério.

O *YIN* E O *YANG*

Elementos fundamentais da dialética chinesa, o *Yin* e o *Yang*, que literalmente significam "negativo" e "positivo", ou "nublado" e "ensolarado", respectivamente, representam o equilíbrio correlativo das duas forças internas da vida, do movimento dinâmico e dos demais fenômenos naturais. São dois aspectos opostos, mas ao mesmo tempo unificados, de um conjunto indivisível.

Na Figura 2 vemos um misterioso disco. Trata-se do Diagrama Tai Chi, símbolo do *Yin* e *Yang*, cujo equilíbrio dá origem à vida. Por isso, esse desenho foi denominado como a representação da "Origem do Universo Tai Chi".

O *Yang* significa o nascimento e o dia, enquanto o *Yin* representa a morte e a noite. Esses dois elementos antagônicos estão em constante evolução e movimento. Quando estão equilibrados, reinam a paz, a saúde e o tempo bom; mas se sua harmonia é rompida, surgem a guerra, a doença e os transtornos climatológicos. Partindo inicialmente dessa dialética entre o *Yin* e o *Yang*, os livros chineses abordam temas tão diversos como a política, a história, a medicina e a filosofia, desenvolvendo seus postulados teóricos, analisando a atualidade e predizendo o futuro.

Da mesma forma que os ímãs, o *Yin* e o *Yang* atraem-se pelos lados opostos e se repelem pelos lados iguais. Dessa maneira, ainda que o *Yin* atraia e seja atraído pelo *Yang*, repele e é repelido por outro *Yin*. O mesmo ocorre com o *Yang*, que recusa outro signo idêntico.

Na astrologia antiga da China, o *Yin* e o *Yang* aparecem alternadamente nos anos. Isso quer dizer que se este ano é *Yang*, o seguinte será *Yin*. E assim sucessivamente. Se estabelecermos uma correspondência com o calendário cristão (considerando sempre que o início do ano lunar se inicia aproximadamente um mês ou um mês e meio mais tarde e se encerra também com essa mesma diferença cronológica), damo-nos conta de que os anos pares (1990, 1992, 1994, por exemplo) são *Yang* (positivos), e os ímpares (1991, 1993, 1995, por exemplo) são *Yin* (negativos).

O aspecto (positivo ou negativo) do ano em que nascemos influi em nossa idiossincrasia: os nascidos sob a influência do signo *Yang* são mais dinâmicos, empreendedores e dados à ação; enquanto os nascidos nos anos *Yin* são mais calmos, prudentes e propensos à reflexão. Desse modo, os primeiros têm melhores aptidões para empreender novos projetos, fundar uma empresa ou iniciar um negócio; os segundos tendem a ser intelectuais e a desempenhar trabalhos que requeiram mais habilidade mental. Não é bom nem mau qualquer um dos dois aspectos. A única coisa que convém ter em conta é saber nossa predisposição congênita para organizar melhor nossa vida. Nada vale esperar passivamente que nossa propensão congênita traga-nos um milagre. Ao contrário, devemos evitar os defeitos implicados em nosso signo, a fim de não perdermos a batalha: os *Yang* costumam ser impulsivos, descuidados e violentos; os *Yin*, frequentemente, mostram-se indiferentes, calados e egocêntricos.

FIGURA 2: Diagrama Tai Chi – Símbolo do *Yin* e *Yang*.

SIGNOS, ASPECTOS E ELEMENTOS
DOS ANOS 1900 A 2019

Ano	Início	Término	Animal	Aspecto	Elemento
1900	31.1.1990	18.2.1901	Rato	Yang	Metal
1901	19.2.1901	7.2.1902	Boi	Yin	Metal
1902	8.2.1902	28.1.1903	Tigre	Yang	Água
1903	29.1.1903	15.2.1904	Coelho	Yin	Água
1904	16.2.1904	3.2.1905	Dragão	Yang	Madeira
1905	4.2.1905	24.1.1906	Serpente	Yin	Madeira
1906	25.1.1906	12.2.1907	Cavalo	Yang	Fogo
1907	13.2.1907	1º.2.1908	Cabra	Yin	Fogo
1908	2.2.1908	21.1.1909	Macaco	Yang	Terra
1909	22.1.1909	9.2.1910	Galo	Yin	Terra
1910	10.2.1910	29.1.1911	Cão	Yang	Metal
1911	30.1.1911	17.2.1912	Porco	Yin	Metal
1912	18.2.1912	5.2.1913	Rato	Yang	Água
1913	6.2.1913	25.1.1914	Boi	Yin	Água
1914	26.1.1914	13.2.1915	Tigre	Yang	Madeira
1915	14.2.1915	2.2.1916	Coelho	Yin	Madeira
1916	3.2.1916	22.1.1917	Dragão	Yang	Fogo
1917	23.1.1917	10.2.1918	Serpente	Yin	Fogo
1918	11.2.1918	31.1.1919	Cavalo	Yang	Terra
1919	1º.2.1919	19.2.1920	Cabra	Yin	Terra
1920	20.2.1920	7.2.1921	Macaco	Yang	Metal
1921	8.2.1921	27.1.1922	Galo	Yin	Metal
1922	28.1.1922	15.2.1923	Cão	Yang	Água
1923	16.2.1923	4.2.1924	Porco	Yin	Água
1924	5.2.1924	24.1.1925	Rato	Yang	Madeira
1925	25.1.1925	12.2.1926	Boi	Yin	Madeira
1926	13.2.1926	1º.2.1927	Tigre	Yang	Fogo

O Calendário Lunar Chinês

Ano	Início	Término	Animal	Aspecto	Elemento
1927	2.2.1927	22.1.1928	Coelho	Yin	Fogo
1928	23.1.1928	9.2.1929	Dragão	Yang	Terra
1929	10.2.1929	29.1.1930	Serpente	Yin	Terra
1930	30.1.1930	16.2.1931	Cavalo	Yang	Metal
1931	17.2.1931	5.2.1932	Cabra	Yin	Metal
1932	6.2.1932	25.1.1933	Macaco	Yang	Água
1933	26.1.1933	13.2.1934	Galo	Yin	Água
1934	14.2.1934	3.2.1935	Cão	Yang	Madeira
1935	4.2.1935	23.1.1936	Porco	Yin	Madeira
1936	24.1.1936	10.2.1937	Rato	Yang	Fogo
1937	11.2.1937	30.1.1938	Boi	Yin	Fogo
1938	31.1.1938	18.2.1939	Tigre	Yang	Terra
1939	19.2.1939	7.2.1940	Coelho	Yin	Terra
1940	8.2.1940	26.1.1941	Dragão	Yang	Metal
1941	27.1.1941	14.2.1942	Serpente	Yin	Metal
1942	15.2.1942	4.2.1943	Cavalo	Yang	Água
1943	5.2.1943	24.1.1944	Cabra	Yin	Água
1944	25.1.1944	12.2.1945	Macaco	Yang	Madeira
1945	13.2.1945	1º.2.1946	Galo	Yin	Madeira
1946	2.2.1946	21.1.1947	Cão	Yang	Fogo
1947	22.1.1947	9.2.1948	Porco	Yin	Fogo
1948	10.2.1948	28.1.1949	Rato	Yang	Terra
1949	29.1.1949	16.2.1950	Boi	Yin	Terra
1950	17.2.1950	5.2.1951	Tigre	Yang	Metal
1951	6.2.1951	26.1.1952	Coelho	Yin	Metal
1952	27.1.1952	13.2.1953	Dragão	Yang	Água
1953	14.2.1953	2.2.1954	Serpente	Yin	Água
1954	3.2.1954	23.1.1955	Cavalo	Yang	Madeira
1955	24.1.1955	11.2.1956	Cabra	Yin	Madeira

Ano	Início	Término	Animal	Aspecto	Elemento
1956	12.2.1956	30.1.1957	Macaco	Yang	Fogo
1957	31.1.1957	17.2.1958	Galo	Yin	Fogo
1958	18.2.1958	7.2.1959	Cão	Yang	Terra
1959	8.2.1959	27.1.1960	Porco	Yin	Terra
1960	28.1.1960	14.2.1961	Rato	Yang	Metal
1961	15.2.1961	4.2.1962	Boi	Yin	Metal
1962	5.2.1962	24.1.1963	Tigre	Yang	Água
1963	25.1.1963	12.2.1964	Coelho	Yin	Água
1964	13.2.1964	1º.2.1965	Dragão	Yang	Madeira
1965	2.2.1965	20.1.1966	Serpente	Yin	Terra
1966	21.1.1966	8.2.1967	Cavalo	Yang	Fogo
1967	9.2.1967	29.1.1968	Cabra	Yin	Fogo
1968	30.1.1968	16.2.1969	Macaco	Yang	Terra
1969	17.2.1969	5.2.1970	Galo	Yin	Terra
1970	6.2.1970	26.1.1971	Cão	Yang	Metal
1971	27.1.1971	14.2.1972	Porco	Yin	Metal
1972	15.2.1972	2.2.1973	Rato	Yang	Água
1973	3.2.1973	22.1.1974	Boi	Yin	Água
1974	23.1.1974	10.2.1975	Tigre	Yang	Madeira
1975	11.2.1975	30.1.1976	Coelho	Yin	Madeira
1976	31.1.1976	17.2.1977	Dragão	Yang	Fogo
1977	18.2.1977	6.2.1978	Serpente	Yin	Fogo
1978	7.2.1978	27.1.1979	Cavalo	Yang	Terra
1979	28.1.1979	15.2.1980	Cabra	Yin	Terra
1980	16.2.1980	4.2.1981	Macaco	Yang	Metal
1981	5.2.1981	24.1.1982	Galo	Yin	Metal
1982	25.1.1982	12.2.1983	Cão	Yang	Água
1983	13.2.1983	1º.2.1984	Porco	Yin	Água
1984	2.2.1984	19.2.1985	Rato	Yang	Madeira

O Calendário Lunar Chinês

Ano	Início	Término	Animal	Aspecto	Elemento
1985	20.2.1985	8.2.1986	Boi	Yin	Madeira
1986	9.2.1986	28.1.1987	Tigre	Yang	Fogo
1987	29.1.1987	16.2.1988	Coelho	Yin	Fogo
1988	17.2.1988	5.2.1989	Dragão	Yang	Terra
1989	6.2.1989	26.1.1990	Serpente	Yin	Terra
1990	27.1.1990	14.2.1991	Cavalo	Yang	Metal
1991	15.2.1991	3.2.1992	Cabra	Yin	Metal
1992	4.2.1992	22.1.1993	Macaco	Yang	Água
1993	23.1.1993	9.2.1994	Galo	Yin	Água
1994	10.2.1994	30.1.1995	Cão	Yang	Madeira
1995	31.1.1995	18.2.1996	Porco	Yin	Madeira
1996	19.2.1996	6.2.1997	Rato	Yang	Fogo
1997	7.2.1997	27.1.1998	Boi	Yin	Fogo
1998	28.1.1998	15.2.1999	Tigre	Yang	Terra
1999	16.2.1999	4.2.2000	Coelho	Yin	Terra
2000	5.2.2000	23.1.2001	Dragão	Yang	Metal
2001	24.1.2001	11.2.2002	Serpente	Yin	Metal
2002	12.2.2002	31.1.2003	Cavalo	Yang	Água
2003	1º.2.2003	21.1.2004	Cabra	Yin	Água
2004	22.1.2004	8.2.2005	Macaco	Yang	Madeira
2005	9.2.2005	28.1.2006	Galo	Yin	Madeira
2006	29.1.2006	17.2.2007	Cão	Yang	Fogo
2007	18.2.2007	6.2.2008	Porco	Yin	Fogo
2008	7.2.2008	25.1.2009	Rato	Yang	Terra
2009	26.1.2009	13.2.2010	Boi	Yin	Terra
2010	14.2.2010	2.2.2011	Tigre	Yang	Metal
2011	3.2.2011	22.1.2012	Coelho	Yin	Metal
2012	23.1.2012	9.2.2013	Dragão	Yang	Água
2013	10.2.2013	30.1.2014	Serpente	Yin	Água

Ano	Início	Término	Animal	Aspecto	Elemento
2014	31.1.2014	18.2.2015	Cavalo	Yang	Madeira
2015	19.2.2015	7.2.2016	Cabra	Yin	Madeira
2016	8.2.2016	27.1.2017	Macaco	Yang	Fogo
2017	28.1.2017	15.2.2018	Galo	Yin	Fogo
2018	16.2.2018	4.2.2019	Cão	Yang	Terra
2019	5.2.2019	24.1.2020	Porco	Yin	Terra

NOTA: Esta tabela cronológica é muito restrita, pois indica o início e o término do ano lunar que rege o Zodíaco Chinês; por exemplo, alguém nascido em 30 de janeiro de 1900 tem como signo o Porco, já que é o último dia desse ano. Alguém nascido em 18 de fevereiro de 1901 terá como signo o Rato, mas se nasceu no dia posterior, 19, seu signo será o Boi. Por esse motivo, convém consultar sempre a tabela para averiguar com precisão a que signo se pertence.

Embora o *Yin* e o *Yang* nos precondicionem para determinadas causas da vida, ambos não são tão influentes e, ademais, necessitam combinar-se com OS CINCO ELEMENTOS (o Metal, a Madeira, a Água, o Fogo e a Terra) para determinar as características de nosso ser e do mundo multifacetado:

— O *Yang*, associado ao Metal, dá origem a ferramentas e armas; o *Yin* com Metal dá origem aos utensílios de cozinha e à moeda;
— A Madeira com *Yang* dá vida ao fogo, e com *Yin* dá vida ao bambu;
— A Água produz ondas do mar sob os efeitos do *Yang*, mas com o *Yin* converte-se em correntes subterrâneas;
— O Fogo fomentado com o *Yang* provoca incêndios, mas quando é diminuído pelo *Yin* serve para iluminar a casa;
— A Terra forma montanhas com o *Yang*, mas com o *Yin* cria vales profundos.

OS CINCO ELEMENTOS

Segundo os antigos filósofos chineses, o Metal, a Madeira, a Água, o Fogo e a Terra constituem os Cinco Elementos fundamentais do Universo. Cada um desses elementos ostenta algumas características peculiares, que influem notavelmente na idiossincrasia das pessoas conforme estas nasçam sob um ou outro signo. Ainda que cada animal reja um ano lunar, os Cinco Elementos incluem dez anos. Cada Elemento reina dois anos, um sob o signo do *Yang* e outro sob o signo do *Yin* (ver tabela). Desse modo estabelece-se o equilíbrio, que é primordial na concepção do mundo dos chineses.

Os Cinco Elementos relacionam-se estreitamente entre si: transformam-se uns em outros, controlam ou são controlados, dentro de uma evolução dialética constante.

Como os elementos se relacionam?

O Metal e a Água:
Com o metal são feitos recipientes de água: "O Metal contém Água". Outros defendem que o metal funde-se a altas temperaturas adquirindo forma líquida: "O Metal torna-se Água".

A Madeira e a Água:
O orvalho e as chuvas permitem o crescimento das árvores e outras plantas. Nesse processo, a água transforma-se em madeira.

A Madeira e o Fogo:
A combustão da madeira produz fogo. Na Pré-história, o homem produzia fogo esfregando fortemente dois pedaços de madeira.

O Fogo e a Terra:
O fogo converte o bosque em cinzas, as quais nutrem a terra.

A Terra e o Metal:
As minas de metal estão no subsolo, mescladas com a terra ou situadas debaixo dela.

Como controlam uns aos outros?

O Fogo controla o Metal:
O Metal funde-se se o Fogo atingir altas temperaturas.

A Água controla o Fogo:
O Fogo extingue-se com a Água.

A Terra controla a Água:
Mediante represas, canais e diques, o homem combate a seca e as inundações.

A Madeira controla a Terra:
A plantação de árvores e a melhoria da flora evitam a erosão e aumentam a fertilidade da Terra.

O Metal controla a Madeira:
As árvores, por maiores que sejam, podem ser cerradas por ferramentas metálicas.

Como nas relações entre o *Yin* e o *Yang*, os Cinco Elementos formam uma cadeia de dependência e controle mútuos. Não existe nenhum elemento que seja o mais forte, tampouco há algum que seja o mais fraco. Um elemento é forte no sentido de que pode controlar o outro, mas é fraco porque pode ser controlado por outro. A coexistência desses elementos básicos permite uma complexa e dinâmica cadeia de vida no Universo.

A Teoria dos Cinco Elementos não se limita às áreas da Astrologia, da História e da Política, mas também se aplica à Medicina tradicional da China.

OS CINCO ELEMENTOS E A MEDICINA TRADICIONAL CHINESA

Desde milhares de anos atrás, os médicos e acupunturistas chineses sempre afirmaram que os Cinco Elementos estão ligados ao funcionamento dos cinco órgãos vitais mais importantes do organismo humano: o Metal rege os pulmões, o Fogo governa o coração, a Água dispõe dos rins, a Terra administra o baço e o pâncreas e a Madeira manda no fígado. Dessa forma, no tratamento de um paciente, o médico deve ter muito em conta a inter-relação entre os Cinco Elementos, a qual influencia notavelmente na patologia anatômica. Os transtornos em um órgão podem acarretar complicações em outro por influência mútua entre os elementos. Da mesma forma, o acerto em tratar o mal predominante pode conduzir à cura geral.

Por isso, os médicos chineses sempre tentam diagnosticar a verdadeira causa do desequilíbrio entre o *Yin* e o *Yang*, e, na receita de ervas, predomina a dialética de "tonificar" ou "debilitar" o funcionamento de uns ou de outros órgãos. No fundo, trata-se de restabelecer o equilíbrio entre o *Yin* e o *Yang*, assim como a harmonia entre os Cinco Elementos.

Uma maneira fácil de saber nosso elemento

É preciso considerar que cada elemento domina durante dois anos e os Cinco Elementos abarcam uma década. A ordem dos elementos é: Metal, Água, Madeira, Fogo e Terra, coincidindo o primeiro e o último com o início e o término da década, respectivamente. Lembre-se sempre de que entre o calendário lunar e o cristão existe um mês e meio de diferença cronológica. Portanto, se alguém nascer no final de janeiro ou no início de fevereiro, convém consultar a tabela para saber a que Ano Lunar pertence, mas o seguinte quadro pode ser elucidativo.

O último número de seu ano de nascimento	O elemento que lhe pertence
0 e 1	Metal
2 e 3	Água
4 e 5	Madeira
6 e 7	Fogo
8 e 9	Terra

A PERSONALIDADE DO METAL

Aqueles que nascem nos anos governados pelo Metal recebem influências desse signo: são decididos, inflexíveis e persistentes. Quando querem alcançar uma meta, não medem esforços nem tempo para conseguir isso. Sua motivada perseverança mostra-se firme, sobretudo quando surgem dificuldades em seu caminho de alcance do objetivo. Nunca se dobram, nem recuam. Sua fortaleza moral é extraordinária, o que lhes permite levar a cabo seu propósito. No entanto, a dureza de seu caráter, que tanto lhes ajuda a triunfar, pode ocasionar-lhes também frequentes problemas por serem "cabeças-duras", que insistem inutilmente em seguir adiante inclusive quando não têm nenhuma razão ou quando algo é realmente impossível em determinadas circunstâncias.

Os que nascem sob esse signo tendem a resolver os problemas por seus próprios meios. Não gostam da intervenção alheia nem que lhes ofereçam ajuda em coisas que se consideram capazes de fazer. Tratam de valer-se por si mesmos para conseguirem as metas propostas. Às vezes parecem soberbos e orgulhosos, mas nunca lhes falta motivação nem vontade.

São inteligentes, perspicazes, capazes, economicamente autossuficientes, condições que lhes inspiram o afã de independência, de lucro e, em muitos casos, de poder.

Para poder canalizar corretamente sua energia e sua fortaleza moral, os do signo de Metal devem procurar respeitar ao máximo as observações alheias e abster-se de se impor aos demais. Se conseguem controlar eficientemente seu temperamento, podem obter o que desejam sem causar prejuízo aos demais. Lamentavelmente, o metal que carregam em seu sangue quase sempre torna-os intolerantes na hora de aplicar a política de boa vizinhança ou de seguir conselhos, o que lhes impede de cultivar uma amizade profunda com os seus congênitos.

A PERSONALIDADE DA ÁGUA

Aqueles que possuem o signo de Água são sociáveis e gratos em suas relações com os demais. Sabem evitar a arrogância do

Metal e procuram incluir-se sutilmente na opinião dos demais. Flexíveis e espontâneos, têm um coração cheio de compaixão.

São inteligentes e capazes de prever o desenvolvimento dos acontecimentos. Têm muita habilidade para estimular o entusiasmo e a abnegação dos demais em benefício de seus propósitos. São tolerantes com a presença de outros tipos humanos e ideias alheias a sua própria ideologia, mas mostram particular persistência em combatê-los se estes chegam a obstacularizar seu próprio desenvolvimento. Poucas vezes lutam frontalmente contra os inimigos, mas não deixam de trabalhar para ir solapando a fortaleza física e espiritual de seus rivais, em um esforço tenaz por eliminá-los. São conscientes a todo momento de com quem estão e qual é o tratamento adequado para impulsioná-los a atuar a seu favor, sem necessidade de causar-lhes muito sacrifício.

A fluidez que caracteriza a Água dá-lhes um caráter cambiante em sua personalidade. Um dos defeitos desse signo é a pouca firmeza de sua decisão e a falta de constância em seu comportamento. Em suas relações com os demais costumam tomar uma atitude ambígua e neutra a fim de evitar enfrentamentos, os quais não estão seguros de poder sustentar. Por isso, os que pertencem a esse signo devem ter mais confiança em si mesmos e aumentar a firmeza de suas ações para alcançar com pleno êxito seus propósitos.

A PERSONALIDADE DA MADEIRA

Os que nascem nos anos governados por esse signo costumam ser pessoas respeitáveis por sua nobreza moral e sua alta ética profissional. São excelentes colaboradores por seu amplo interesse, sua abnegação e seu espírito de sacrifício. São organizados, empreendedores, conscienciosos, capazes de diferenciar acertadamente assuntos de distinta natureza e estabelecer um escalonamento de urgências segundo a importância do caso. Essas qualidades que caracterizam sua personalidade não apenas lhes permitem obter o respeito dos demais, mas também os colocam à altura de importantes cargos públicos, administrativos ou diretivos de grandes projetos técnicos e científicos.

Nunca trabalham sozinhos, porque dominam a arte de convencer os demais para que colaborem e contribuam com as causas comuns. Sabem exercer sua influência positivamente e confiam no método de trabalhar em equipe. São generosos, solidários, bondosos e compassivos com os infortunados, aos quais ajudam com o que podem. Essas qualidades costumam-lhes trazer sorte na carreira profissional e hierárquica, sendo promovidos no momento adequado a cargos mais importantes.

Os defeitos desse signo consistem em sua desmesurada ambição e a excessiva pressa com que querem obter as coisas, o que lhes causa consequências totalmente contraproducentes. Por outro lado, a grande capacidade que têm também os trai com frequência, porque não se dão trégua para atender a enorme carga de trabalho. Terão de deixar algumas gestões incompletas por falta de tempo e possibilidades humanas. Desse modo, apesar de sua boa vontade, frustram-se muitas vezes na consecução de seus propósitos.

A PERSONALIDADE DO FOGO

Os que nascem sob esse signo são confiantes e competentes no tratamento dos assuntos cotidianos. Inimigos da passividade e indiferença, sua extraordinária vitalidade torna-os ativistas que impulsionam as mudanças e a reforma. Têm temperamento de liderança, por sua grande capacidade de organização e sua habilidade mental. Sabem pôr em jogo a iniciativa dos companheiros, mas nunca se mantêm de braços cruzados enquanto os demais trabalham. Possuem grandes ideais, para os quais trabalham com ímpeto e honestidade. São audazes inovadores que combatem sem cessar os valores obsoletos e cânones tradicionais. Sua veemência de uma nova ordem leva-os a assumir atitudes muito ousadas, quase violentas, contra tudo que dificulta a implantação dos novos valores.

Pelo temperamento de Fogo, são impacientes para atender a opinião dos demais, defeito que se transforma em determinados momentos em uma arbitrariedade insuportável. Por essa razão, os que possuem esse signo têm de aprender a controlar seu temperamento apaixonado, moderando sua ambição pessoal, sobretudo quando já se vislumbra o triunfo, a fim de evitar que os companheiros virem-lhes as costas.

A PERSONALIDADE DA TERRA

Aqueles que possuem esse signo são realistas e trabalhadores. Alheios a toda ocorrência extravagante, são racionais, analíticos e comedidos. Têm boas previsões do futuro e não gostam de se arriscar. Com os pés firmemente apoiados em um realismo racionalista, mostram-se conscienciosos, metódicos e organizados, qualidades que os tornam excelentes administradores ou comerciantes. São aptos a desempenhar importantes cargos no setor industrial, comércio ou administrações públicas.

Não são muito ágeis nas ações, devido a sua premeditação e seu pormenorizado planejamento, mas não por isso deixam de ser eficientes, uma vez que são seguros e acertados em seus procedimentos. Poupadores, inimigos de todo desperdício, sabem dar utilidade às coisas aparentemente inúteis. São precavidos nos investimentos e austeros nos gastos, de modo que inclusive em tempos de crise têm pequenas economias. Observadores perspicazes, detectam com facilidade novos fenômenos e tendências nascentes. Porém nunca exageram suas descobertas. Contam-nas tal como as encontraram, nem mais nem menos.

São conservadores por falta de imaginação. Carecem quase por completo de espírito aventureiro. Não gostam de romper com o cânone dos valores estabelecidos. Depreciam todo tipo de mudança desprovida de uma meticulosa preparação prévia. Nunca agem de improviso.

COMO OS CINCO ELEMENTOS
INCIDEM EM NOSSA VIDA?

Uma vez conhecido o signo que temos, é preciso estudar as relações que existem entre os Cinco Elementos para saber em que ano as coisas boas irão nos acontecer e em que ano nos surgirão mais problemas. As relações entre os elementos podem resumir-se da seguinte forma:

- O Metal domina a Madeira;
- A Madeira domina a Terra;
- A Terra domina a Água;
- A Água domina o Fogo;
- O Fogo domina o Metal.

Essa lei fundamental que rege as relações fundamentais entre os elementos pode ser completada com um escalonamento de matizes que caracterizam nosso encontro com outros elementos. A tabela seguinte pode indicar sua sorte e infortúnio nos anos dominados pelos distintos elementos:

Seu elemento	Alta rejeição	Rejeição	Harmonia	Sucesso e boa sorte
Metal	Fogo	Terra	Metal	Madeira e Água
Madeira	Metal	Fogo	Madeira	Terra e Água
Água	Terra	Metal	Água	Fogo e Madeira
Fogo	Água	Terra	Fogo	Madeira e Metal
Terra	Madeira	Fogo	Terra	Metal e Água

Para saber quais são seus anos bons, regulares ou ruins, você precisa consultar a tabela cronológica anterior.

Desse modo, sabendo quais são nossos anos problemáticos, podemos nos preparar para enfrentar coisas desagradáveis ou compreender a inutilidade de nossos esforços. São anos que requerem de nós maior cautela na atuação e no comportamento, sendo necessário pensar nas consequências de nossas decisões.

Evita qualquer excesso e imprudência. É recomendável não iniciar novos negócios nem conceber projetos importantes. Por outro lado, nos anos em que seu elemento predomina sobre os outros, surgem múltiplas oportunidades para o seu desenvolvimento e seu futuro. Não as desperdice. São seus anos de ouro.

Empreenda algo que sempre desejou fazer e que não fez até agora. Você terá sorte porque seu elemento o ampara e apoia.

Existem muitos fatores e casualidades que determinam ao final sua profissão. No entanto, desde o nascimento, você está predeterminado a inclinar-se a certas profissões em que seu elemento o ajudará a alcançar o êxito.

Citemos a título de exemplo o caso do Metal: se o seu elemento é o Metal (que predomina sobre a Madeira), você tem muito futuro em tudo que se relaciona com a Madeira: carpintaria, fabricação ou negócio de móveis, papel, construção, artesanato ou escultura em madeira etc. Devido à harmoniosa relação desse elemento com a Água, você poderá desempenhar com satisfação trabalhos de encanador, construção ou empresas de navios, pesca etc. Por outro lado, nas indústrias ou empresas diretamente relacionadas com o Metal, tais como a siderurgia, maquinaria, aeronáutica, joalheria, ferragens etc., tampouco se sairá mal, porque não encontrará fortes concorrentes. Não lhe convêm os trabalhos ou negócios ligados ao fogo, como bombeiro, funcionário de posto de gasolina, soldador, caldeireiro, cozinheiro, instalador de gás etc. Se você se empenhar em realizar-se no campo próprio dos outros elementos, é difícil que se saia bem porque não conta com o apoio de suas condições predeterminadas. Por exemplo, a agricultura e a construção são próprias dos elementos de Madeira e Terra. Será mais fácil para os que possuem esses elementos explorá-las.

SEGUNDA PARTE

**Os doze animais
do Zodíaco Chinês**

RATO

CARACTERÍSTICAS FUNDAMENTAIS

Pronúncia em chinês	*Shu*
Nº de ordem no Zodíaco chinês	Primeiro
Horas que rege	23 – 1
Direção do seu signo	Norte
Estação e mês que domina	Inverno – dezembro
Elemento fixo	Água
Tronco	*Yang* (positivo)

TABELA DE CORRESPONDÊNCIAS COM O CALENDÁRIO CRISTÃO

Desde	Até	Elemento	Aspecto
31.1.1900	18.2.1901	Metal	*Yang*
18.2.1912	5.2.1913	Água	*Yang*
5.2.1924	24.1.1925	Madeira	*Yang*
24.1.1936	10.2.1937	Fogo	*Yang*
10.2.1948	28.1.1949	Terra	*Yang*
28.1.1960	14.2.1961	Metal	*Yang*
15.2.1972	2.2.1973	Água	*Yang*
2.2.1984	19.2.1985	Madeira	*Yang*
19.2.1996	6.2.1997	Fogo	*Yang*
7.2.2008	25.1.2009	Terra	*Yang*

O RATO

Segundo a lenda, quando Buda morreu, um rato foi enviado para convocar os animais domésticos e selvagens a fim de formar o Zodíaco chinês. Avisou sucessivamente o coelho, o cão, o galo, a cabra, o cavalo, o porco e o boi. Também convocou o tigre e o macaco do bosque, a serpente e o dragão das águas. No entanto, não disse nada ao gato por antipatia e inimizade. De qualquer modo, para premiar o seu esforço, Buda colocou o rato no primeiro lugar do Zodíaco, encabeçando o ciclo de doze anos.

Dentro da terminologia zoológica chinesa, unicamente o rato e o tigre levam em seu nome a qualificação de *Lao* (significa "velho", o que, na China, é algo respeitável). O tigre o merece, naturalmente, por sua soberba e majestade, sendo o "Rei de Cem Animais". O rato conseguiu essa estima graças às qualidades inerentes de seu signo.

Esse pequeno roedor representa para os chineses uma série de qualidades humanas: sociabilidade, jovialidade e perspicácia. Sua grande capacidade reprodutora converte-o em símbolo da felicidade na família. Assim, tradicionalmente, costumavam presentear aos que se casavam no campo papéis recortados com desenhos do "Casamento dos ratos", a fim de desejar-lhes harmonia conjugal e sorte para que tivessem muitos filhos.

Segundo a mitologia, o rato era o deus da Água e vivia no céu. Em uma de suas frequentes e violentas lutas com o deus do Fogo, derrubou por descuido o pilar que sustentava o céu. Consequentemente, quebrou-se a abóbada espacial, desapareceu o dia e estabeleceu-se o domínio da noite. Por isso foi convertido em rato e enviado à Terra. O deus do Fogo também recebeu um castigo, ao ser convertido em gato para vigiar o rato. Depois, o Imperador da Corte Celeste mandou a sua irmã para reparar a rachadura da abóbada espacial, com a intenção de recuperar o período do dia.

Apesar de ser o símbolo da felicidade famíliar e o respeitável encabeçamento do Zodíaco chinês, o rato – ou melhor, algumas espécies de rato, como o do bambu e o das frutas – é considerado uma delícia culinária em algumas regiões do sul da China. Os que tiveram a coragem de prová-lo concordam em afirmar que "é um prato realmente muito saboroso".

De qualquer modo, os ratos são considerados uma verdadeira ameaça à saúde e à colheita agrícola. Este é o motivo pelo qual no "Dia do Rato" (26 de dezembro do calendário lunar) atiram-se tradicionalmente sete grãos de soja negra através das vigas da casa, simbolizando com isso o aniquilamento dos ratos no próximo ano.

No entanto, ocorrem autênticas calamidades nos lugares em que não chegam as campanhas raticidas. Há, por exemplo, na costa do leste da China, uma ilha habitada por dezenas de milhares de víboras e serpentes. Há poucos anos, uns turistas levaram uns ratos para dar um jantar aos répteis. Contudo, ao contrário do que se esperava, as víboras e serpentes dessa ilha estão acostumadas a alimentar-se de pássaros marítimos alojados ali; não comem ratos, de modo que eles proliferaram-se tanto em poucos anos que a ilha teve de adotar um novo nome: "Ilha das víboras e dos ratos".

O ANO DO RATO

Com o Rato inicia-se um novo ciclo composto por doze anos.

O ano do Rato caracteriza-se pela abundância, oportunidade e boa perspectiva.

Trata-se de um ano pacífico, com poucos incidentes violentos e fatores de guerra. Notavelmente, se reduzem também as calamidades naturais, tão frequentes, sobretudo, nos anos turbulentos do Tigre e do Dragão.

A economia apresenta prosperidade em âmbito mundial e os negócios particulares funcionam maravilhosamente. É um ano que prenuncia proveitos nos investimentos. Assim, muita gente investe fundos em projetos a longo prazo: a compra de bens imobiliários, a abertura de uma nova conta bancária, o estabelecimento de um negócio, a aquisição de novas ações, a ampliação da capacidade de produção em instalações atuais etc.

Todos fazem algo, por rentabilidade ou por previsão de crises: em um ano de "vacas gordas", é necessário preparar-se para os anos de "vaca magra". O ano do Rato também traz especulação e aventura, o que provoca a instabilidade nas bolsas de valores e a alta dos preços.

De qualquer modo, o ano do Rato é benéfico para todos. Certamente não faltarão também pequenas discórdias e contratempos desagradáveis, porém trata-se de um ano bastante aceitável, no qual muita gente desfruta e aproveita para melhorar sua comunicação com o mundo ao seu redor.

A PERSONALIDADE DA PESSOA DE RATO

A pessoa de Rato é inteligente, medrosa, rápida, simpática, franca, imaginativa, poupadora e tem boa memória.

Os que nascem sob esse signo costumam ser sociáveis, alegres, extrovertidos e comunicativos. Não é fácil encontrar uma pessoa de Rato que seja antipática, rabugenta, introvertida e intolerante. As pessoas de Rato têm facilidade de formar um círculo de amigos, com os quais mantêm estreitas relações. Adoram conversas e reuniões animadas e espontâneas. São ativas participantes em sociedades, clubes ou grupos, contribuindo com a sua inteligência, juízo crítico e muito humor.

Apesar de parecerem caladas e amenas, têm um mundo interior dinâmico e ativo, que experimenta constantemente mudanças agitadas. Seu silêncio não revela indiferença, mas prudência e educação.

Observadoras atentas ao que se passa no mundo e ao seu redor, sua grande inteligência e inquietude fazem-nas cuidadosas. Percebem com hipersensibilidade qualquer sinal ou manifestação característica dos demais. São de dar conselhos sinceros. Seus critérios são acertados, lúcidos e bem-intencionados. Por isso, desfrutam da estima e do respeito de seus amigos.

Detestam o desperdício e a extravagância. São poupadoras, inclusive em tempos de abundância. Generosas em apoios morais e solidariedade ética, são, no entanto, bastante moderadas em doações monetárias. Sua moderação e simplicidade na vida manifestam-se também em suas retribuições e contribuições. As mulheres de Rato são boas administradoras da economia familiar. Não gostam de ostentação, por mais que tenham o que mostrar, mas também se ajustam muito bem caso seus recursos sejam precários, porque sempre podem lançar mão da reserva estratégica que guardam. Preferem ser tachadas de sovinas que não ter um centavo por má administração dos fundos.

Estreitamente ligadas à família, têm um grande apego ao lar. Os homens do signo de Rato são filhos notáveis e pais afetuosos. Cuidam muito dos idosos, fazendo todo o possível para que vivam bem sua velhice. Compreendem perfeitamente a solidão que muitas vezes acomete as pessoas na terceira idade. Visitam-nos sempre que podem, atentos ao que necessitam. Seu amor pelos filhos é generoso e profundo. Procuram dar-lhes a melhor educação possível, dispostos a sacrificar seu próprio bem-estar.

As mulheres de Rato dedicam-se totalmente à família. Sacrificam-se para cuidar bem do marido e dos filhos, a quem amam de corpo e alma. São tolerantes e generosas com os filhos. Passam o dia lhes dando conselhos, sugestões ou fazendo observações que, ao serem repetidas milhares de vezes, tornam-se pesadas e sufocantes. Alimentam a ideia de que os filhos cheguem a ser no futuro artistas ou esportistas. Preocupam-se com sua formação desde pequenos, criando as condições para que aprendam a tocar algum instrumento musical, dançar ou praticar algum esporte. Para elas, o marido e os filhos são o que há de mais valioso no mundo. Mães responsáveis e esposas competentes, fazem todo o possível para criar um lar limpo e agradável.

Os homens de Rato não são machistas. Ajudam nos afazeres domésticos. Esse signo supõe harmonia familiar, afetividade e ternura. Não descartam, desde cedo, pequenos desgostos, que são passageiros e logo se dissipam.

A curiosidade congênita das pessoas de Rato leva-os a interessar-se grandemente pela vida dos demais, tratando de descobrir os segredos alheios. Inclusive pecam pela indiscrição ao interrogar os demais sobre pontos delicados da vida privada ou profissional. Mantêm a boca muito fechada sobre sua própria vida íntima ou os segredos do ofício. Detestam as pessoas que queiram intrometer-se no que consideram estritamente seu. Abrem seu coração apenas para os melhores amigos.

Têm ótima memória, lembram-se dos detalhes de acontecimentos, personagens, promessas ou de circunstâncias interessantes que tenham sido esquecidas pelos demais. Além disso, gostam de anotar coisas normalmente despercebidas. São observadores sutis que sentem emoção inclusive em coisas totalmente corriqueiras. Carcomidos pela curiosidade, não se cansam de perguntar.

Não são teimosos, adaptam-se rapidamente às mudanças. Nunca agem sem haver meditado antes. Movidos pelo instinto de proteção e uma aguda intuição de riscos, pesquisam, planejam e fazem repetidos testes antes de empreender qualquer ação. Detêm-se e retrocedem imediatamente caso surjam sintomas de perigo. Concentram esforços somente depois de comprovar a segurança e a viabilidade de seu intento. Nunca se comprometem com causas que podem colocar suas vidas em risco. Escolhem sempre o procedimento mais prudente. Isso não significa que nunca falhem. Às vezes caem em armadilhas e são vítimas de seus inimigos.

As experiências também lhes ensinaram a ser moderados na ambição pelo lucro. A tentação do dinheiro fácil é um abismo camuflado de que precisam esquivar-se com lucidez e força de vontade. O trabalho, os negócios e a constante economia permitem-lhes uma vida confortável, sem luxo, mas totalmente autossuficiente. É muito difícil encontrar alguém de Rato reduzido à extrema pobreza.

As horas do nascimento influem decisivamente em sua personalidade, sendo mais característicos os que nascem de noite que os nascidos de dia.

O RATO E OS CINCO ELEMENTOS

RATO DE METAL (nascidos em 1900 e 1960)
Estreitamente ligado ao dinheiro, a obsessão pelo lucro caracteriza ambição pessoal. Conhece toda a astúcia da especulação e é

um investidor hábil. Encantam-lhe o luxo, a suntuosidade e a ostentação. Amante da ópera e das grandes festas, degustador inato de delícias gastronômicas, viaja pelo mundo a negócios e por prazer. Apesar de o dinheiro fluir-lhe como manancial, sua conta no banco é irrisória porque tem a mania de esbanjar o que tem.

Sua obsessão pelo poder não é menos característica que sua ânsia por dinheiro. Eloquente em seus discursos sobre política, humanidade e temas sociais, demonstra ser subjetivo quando é pragmático. Aproveita qualquer ocasião para promover-se, com a intenção de chegar longe.

Zeloso e hábil, esconde sua inveja em generosas manifestações de amabilidade e de encanto. É um excelente crítico de arte, com critérios originais e acertados. Tem inesgotáveis fontes de imaginação e energia.

Se aprender a canalizar seus esforços por lucro e fama para uma finalidade mais ética, terá uma extraordinária perspectiva graças à sua grande inteligência e vitalidade. Do contrário, será vítima de sua própria ambição.

RATO DE ÁGUA (nascidos em 1912 e 1972)

De notáveis talentos e muito aplicado, o indivíduo que nasce sob o signo de Rato de Água é inteligente e hábil. Não se cansa de alargar seu horizonte de conhecimentos.

É compreensivo, comunicativo e sociável. Sua inteligência, simpatia e flexibilidade permitem a ele ter amigos em todos os setores, a quem recorre frequentemente para executar qualquer plano pessoal. Domina a arte da amizade e a utiliza em benefício próprio. Trata de pôr em jogo a iniciativa alheia sem que se note a sua intervenção. Sua influência é sutil, quase imperceptível, mas decidida e inevitável.

É conservador e tradicionalista. Detesta as coisas extravagantes que contradizem os cânones da estética clássica. Amante da harmonia, da convivência pacífica e do refinamento, trabalha sem cessar para implantar o entendimento social e erradicar a violência.

Adapta-se rapidamente às mudanças, mas é teimoso quando algo atrapalha o seu caminho. Persistente e incansável, esforça-se tenazmente para concluir um trabalho, por mais que isso pareça impossível.

Empenhado em dar-se bem com todos, não sabe distinguir os bons dos maus; por sua complacência, depara-se, geralmente, com intenções maliciosas ou respostas violentas e hostis.

RATO DE MADEIRA (nascidos em 1924 e 1984)

Clarividente, capaz, aplicado, seu amplo interesse pelas ciências e pela cultura permite-o adquirir um grande repertório de conhecimento. Sua ânsia de superação leva-o a se defrontar com tarefas cada vez mais difíceis. É compassivo, prestativo e colaborador, o que lhe permite ter um amplo círculo de amigos. Encanta-lhe a admiração dos demais e gosta que o adulem. Seu esforço pela superação pessoal e suas explícitas manifestações de generosidade e sinceridade partem, de certo modo, do íntimo desejo de ganhar o respeito e o apreço das pessoas. No fundo, é também egoísta, mas sabe controlar-se eficazmente para manter a sua imagem nobre.

Seguro, precavido, paciente e flexível, possui extraordinários dotes para convencer as pessoas da certeza de seus projetos. Consegue quase sempre mobilizar quantos elementos forem necessários para o cumprimento de seu objetivo.

A grande capacidade de trabalho, o poder de convencimento e a lucidez para planejar seus projetos conferem-lhe excessiva confiança e certo ar de arrogância, que se traduzem frequentemente em ansiedade e precipitação. Por essa razão, fala muitas vezes de seus planos e não pode levar a cabo parte do que foi iniciado.

RATO DE FOGO (nascidos em 1936 e 1996)

Ativo, vital, apaixonado, eficiente e incansável, sua vida é um torvelinho de fogos e ação. É generoso, franco e aventureiro: se encontra uma causa justa, atua como um cavaleiro andante. Não é diplomático nem prudente, executa a ação assim que concebe uma ideia. É o melhor companheiro ou sócio em novos projetos, por conta de sua grande iniciativa e seu valor para enfrentar dificuldades. Tem temperamento de líder em movimentos contra a ordem estabelecida. Seu instinto de destruição e sua paixão revolucionária são audazes desafios contra a velha tradição.

De afetos calorosos com a família e as amizades, contudo, é independente ao máximo: afasta-se dos seus quando vê que a situação torna-se difícil.

É impaciente e precipitado, recorre, inclusive, a meios de coerção para que os demais sigam a sua estratégia, sendo nesses momentos um egoísta por excelência. Necessita esfriar a cabeça, moderar a impetuosidade e aplicar um forte controle de si mesmo para evitar os pronunciados altos e baixos de sua vida social, profissional e afetiva.

RATO DE TERRA (nascidos em 1948 e 2008)

É realista e detesta as fantasias quiméricas. Leal, sincero, justo e bondoso, preocupa-se com os detalhes da vida real e as necessidades de subsistência dos desafortunados. É modesto em seu modo de ser e aplicado na aprendizagem de qualquer novo ofício. De caráter sedentário, gosta de permanecer no mesmo posto de trabalho se tratam-no educadamente, ao que corresponde com abnegação e sacrifício. Costuma ser apreciado por seus companheiros e promovido em seu devido momento. Não lhe agrada o sonho de converter-se em milionário da noite para o dia. Melhora a sua condição econômica trabalhando honradamente. Odeia a especulação e o jogo. Sequer joga na loteria com frequência. Para ele, o mais importante é a honra e a reputação.

Tem a qualidade de ser bom administrador, por seu alto senso de responsabilidade, realismo e seriedade. Não é rápido em tomar decisões, mas tem um alto índice de êxito graças ao seu apego à realidade. Sua eficiência baseia-se na certeza e no acerto.

Carente de imaginação e iniciativas empreendedoras, sua vida é feita de uma rotina conservadora, cumprida com rigorosa disciplina. Infelizmente, seu sentido realista da vida muitas vezes é interpretado como uma atitude mesquinha.

O RATO E SEUS ASCENDENTES

A hora e o lugar de nascimento influenciam nossa personalidade. O denominado ascendente refere-se ao signo astrológico que nasce no leste no momento do nosso nascimento. Cada animal do Zodíaco chinês domina duas horas. Isso determina a influência de determinado signo no modo de agir e sentir de uma pessoa.

RATO COM ASCENDENTE EM RATO (das 23h à 1h)
É simpático, encantador, criativo, inteligente e crítico. Encanta-lhe a vida caseira, mesmo que seja ambicioso nos trabalhos profissionais e nos negócios. Peca por uma ligeira arrogância em seu modo de ser.

RATO COM ASCENDENTE EM BOI (da 1h às 3h)
Sério, obstinado, sincero, com um mundo interior estável. Inimigo da frivolidade e das improvisações. Lento, mas firme em seu propósito. Sincero e constante com os amigos, demora em ter uma verdadeira amizade, mas, uma vez que a tem, não a perde nunca.

RATO COM ASCENDENTE EM TIGRE (das 3h às 5h)
Prepotente, lutador, agressivo e ditador; é tão poderoso como ágil. Sempre espreitando a sua presa, entra em ação assim que chega a oportunidade. Despreocupado totalmente com o futuro, vive o dia, gastando-o todo. Não tolera objeções.

RATO COM ASCENDENTE EM COELHO (das 5h às 7h)
Tem tanto a astúcia do rato como a prudência do coelho. É encantador, doce e inteligente. Qualquer plano é elaborado com premeditação e máxima cautela. Além disso, como domina a arte da moderação e estratégia, sempre consegue os seus objetivos.

RATO COM ASCENDENTE EM DRAGÃO (das 7h às 9h)
É generoso, elegante, rebelde e nobre. Não economiza esforços nem dinheiro pelas causas que considera justas. Às vezes gasta

mais do que ganha. Caprichoso, arrogante e justo, não se conforma com a vida opaca e rebela-se energicamente.

RATO COM ASCENDENTE EM SERPENTE (das 9h às 11h)
Sábio, calculista, astuto e frio, é um perfeito financista e especulador. Suas virtudes artísticas são tão notáveis que cativam a muitos admiradores. Adora a beleza e a perfeição. Intrigado sempre pelos segredos alheios, sua indiferença é tão aparente como enganosa.

RATO COM ASCENDENTE EM CAVALO (das 11h às 13h)
É inesgotável e aventureiro. Sua vida está cheia de vicissitudes e experiências divertidas. Não se cansa nunca de buscar novas perspectivas. Sua extraordinária inquietude e energia vital colocam-lhe muitas vezes tanto acima do êxito como à margem do fracasso.

RATO COM ASCENDENTE EM CABRA (da 13h às 15h)
Elegante, polido, amante da vida confortável, tem especial gosto pela arte e pela cultura; é um notável esteta. Desfruta de uma vida sedentária, mas fica facilmente melancólico por ter um coração delicado. Quase sempre é terno e compassivo, apesar de tornar-se teimoso em certos momentos.

RATO COM ASCENDENTE EM MACACO (das 15h às 17h)
Extremamente hábil, de reações imediatas, aprende rapidamente qualquer ofício. É contraditório e inconstante. Sua brilhante inteligência não está acompanhada de um espírito abnegado de trabalho. Vaidoso, cheio de humor e astúcia, carece de seriedade no cumprimento de suas obrigações.

RATO COM ASCENDENTE EM GALO (das 17h às 19h)
O orgulho e a arrogância do galo unem-se com a astúcia do rato, dando-lhe uma personalidade plena de fantasia. Mal-humorado e briguento, não tolera nenhuma objeção, contra a qual luta obstinadamente. Bom administrador da economia doméstica, é austero para gastar e emprestar.

RATO COM ASCENDENTE EM CÃO (das 19h às 21h)
É fiel, sincero e prestativo com os amigos. À margem de toda ânsia por lucro, não sonha com o luxo e esbanjamento, que considera alheios à sua índole. Resignado com a vida existente, detesta a traição e a covardia. Luta com bravura por uma causa justa.

RATO COM ASCENDENTE EM PORCO (das 21h às 23h)
Tolerante e compassivo, vacila diante de qualquer decisão significativa. É superficial e materialista, conforma-se com uma concepção elementar do mundo. Sem refinamentos artísticos nem grandes ambições intelectuais, cuida unicamente de interesses imediatos e desfruta dos prazeres sensoriais.

COMO A PESSOA DE RATO PASSA OS OUTROS ANOS DO ZODÍACO CHINÊS?

ANO DO RATO
Um ano próspero. Consegue progressos substanciais em seus projetos profissionais. Totalmente saudável, rodeado de amigos solícitos, tem a sorte de obter bons resultados em seus empreendimentos, inclusive quando não se esforça muito. No lar reinam a paz e a felicidade.

ANO DO BOI
Um ano regular. Se não conseguir o que quiser, também não será nada mal. Terá muito trabalho, que lhe defrontará com maior responsabilidade. Surgirão alguns mal-entendidos referentes à sua conduta, que serão esclarecidos graças à sua constância e seriedade.

ANO DO TIGRE
Um ano difícil para a pessoa do signo de Rato, devido à sua excessiva astúcia. Os amigos desconfiam de seu bom propósito, e os familiares criticam o seu esbanjamento. Além disso, a falta de constância e a improvisação lhe trarão consequências negativas em seu trabalho profissional. É preciso planejar novamente a sua situação, ter muita paciência, controlar o seu caráter impulsivo e meditar bem antes de empreender qualquer ação.

ANO DO COELHO
Um ano tranquilo. Não terá problemas que afetam o curso normal de sua vida. Os pequenos mal-entendidos que surgirem na família e no trabalho não terão importância e se dissiparão em seguida. Conseguirá novos contatos profissionais e possivelmente esperará um filho.

ANO DO DRAGÃO
Um ano extraordinário. Conseguirá um bom negócio, será promovido a um cargo mais importante ou avançará no terreno profissional. Aumentará seus rendimentos e firmará novas amizades. Convém advertir-lhe que alguns amigos poderão virar as costas em alguns momentos financeiros difíceis.

ANO DA SERPENTE
Um ano ambíguo. Muitos fatores contraditórios aparecem misturados. Doença e uma má fase econômica lançam sombras ao ano de "vacas magras". No final deste, irão se abrir perspectivas promissoras que predizem um futuro melhor.

ANO DO CAVALO
Um ano conflituoso. Alguns problemas gerarão uma considerável crise familiar, profissional e jurídica. Terá de dedicar muito tempo para resolvê-los apropriadamente. Perderá oportunidades de ganhar dinheiro e irá mal no amor.

ANO DA CABRA
Um ano proveitoso. Melhorará consideravelmente a balança econômica. Obterá certo progresso na área profissional ou nos negócios. No entanto, para seguir a boa fase, será obrigado a modificar o seu plano para torná-lo mais realista.

ANO DO MACACO
Um ano positivo. Sem empecilhos familiares nem profissionais. Terá mais ganhos que perdas. As conquistas pesarão mais que os fracassos na balança anual. Convém não perder nenhum amigo neste ano, pois isso lhe trará consequências prejudiciais.

ANO DO GALO
Um ano feliz. Encontrará surpresas muito agradáveis no amor e na amizade. Tudo lhe ocorrerá maravilhosamente, como manda o figurino. Convém cuidar-se bastante e evitar a excessiva fadiga física. Também é necessária a atenção com a segurança pessoal: no trânsito, acidentes no trabalho ou em casa etc.

ANO DO CÃO
Um ano desagradável. Receberá más notícias de fatos inevitáveis. A impotência e o desespero o submeterão a um verdadeiro cativeiro. Não terá desejo de fazer nada, já que estará totalmente absorvido pelas preocupações.

ANO DO PORCO
Um ano moderado. Não obterá benefícios consideráveis nos negócios nem nos investimentos. Pelo contrário, será obrigado a se defrontar com gastos não previstos. Os seus amigos ou familiares lhe pedirão dinheiro. Será o momento de ajustar o orçamento para que a economia doméstica não vá para o ralo.

A PESSOA DE RATO NO AMOR

RATO E RATO
Um casal sem segredos. São muito parecidos e se conhecem a fundo mutuamente. Não há enigmas entre eles. Podem ler no rosto o que pensa o seu parceiro ou sua parceira. Caseiros, entregues ao amor, compartilham nos primeiros anos uma paixão desenfreada, que se atenua notavelmente com o transcorrer do tempo, até o ponto em que o sexo deixa de ser um prazer para converter-se em uma rotina desinteressante. Seu interesse é centrado nos afazeres domésticos e em fofocas. Passam o melhor momento do amor contemplando-se com ternura, em vez de aproximarem-se fisicamente.

RATO E BOI
Um casal feliz. A ternura e o amor profundo do indivíduo de Rato encontra generosa correspondência no indivíduo de Boi,

que é digno, trabalhador, honesto e totalmente confiável. Seus atos amorosos são apaixonados e pausados, se bem que não tão frequentes como o indivíduo de Rato quer. São repartidos os afazeres domésticos, mas nenhum limita-se a cumprir só o que lhe corresponde. Sempre buscam a oportunidade de ajudar um ao outro. Compartilham muitos gostos afins: a leitura e a meditação filosófica. O caráter submisso da pessoa de Boi faz um perfeito par com o entusiasmo efusivo da pessoa de Rato. Os pequenos desgostos que surgem dissipam-se em seguida, porque a inteligência e a astúcia da pessoa de Rato fazem que se esquive da teimosia da pessoa de Boi.

RATO E TIGRE
Um casal conflituoso. É uma união de dois seres muito independentes e diferentes. Sua pouca afinidade nos gostos e na personalidade cria uma convivência cheia de contradições. Só têm êxito em seu enlace quando os dois se esforçam para compreender e tolerar um ao outro. É necessário que estabeleçam uma harmoniosa relação entre as qualidades dos dois, combinando a inteligência, a capacidade e a abnegação da pessoa de Rato com a força, a vitalidade e o poderio da pessoa de Tigre, para desfrutar das inclinações comuns, como a vida social, o esporte e os grandes jantares. A pessoa de Tigre despreza o cinismo e a avareza da pessoa de Rato; enquanto esta aceita muito mal a arrogância e a ostentação da pessoa de Tigre. Suas relações são instáveis e sofrem frequentes altos e baixos.

RATO E COELHO
Um casal aborrecido. Apesar de os dois serem encantadores e alegres, falta a ambos o espírito de sacrifício e abnegação. São no fundo egoístas que antepõem seus interesses próprios acima da felicidade conjunta. São sinceros e cordiais em sua vida comum, mas lhes faltam a paixão e o delírio amoroso. A efusiva manifestação afetiva da pessoa de Rato não encontra uma adequada correspondência na pessoa de Coelho, que é passiva e fria. O romance dos primeiros tempos vai se convertendo em insatisfação e irrealização amorosa. Essa situação torna-os mais

pessimistas sobre o retorno da primavera em sua convivência. A monotonia e a rotina esgotam-nos profundamente. Algumas vezes, a pessoa de Rato, que tem mais imaginação, sugere formas de mudança para quebrar o gelo, mas precisa contar com a aprovação e iniciativa da pessoa de Coelho para empreender uma tentativa comum aos dois.

RATO E DRAGÃO
Um casal feliz. A união entre esses nativos é afortunada porque lhes brinda uma grande satisfação: suas relações são harmoniosas, nas quais a inteligência e a previsão da pessoa de Rato complementam-se perfeitamente com o valor e a firmeza da pessoa de Dragão. Desfrutam da magia do amor intensamente. Planejam grandes projetos, quando trabalham em sua realização com toda honestidade, cada um em seu papel, mas solidários e atentos. Seus esforços são amplamente retribuídos, tanto no espiritual como no material. Os dois são capazes, confiantes e positivos. O marido de Rato encontrará em sua mulher de Dragão o pilar de seu mundo, enquanto ela vê nele o timoneiro de sua embarcação, orientando-a no rumo de sua vida.

RATO E SERPENTE
Um casal harmonioso. É a aliança entre duas almas apaixonadas, que compartilham muitos aspectos em comum. São inteligentes, possessivos e materialistas. O marido de Rato admira a clarividência e a firmeza da mulher de Serpente, enquanto esta aprecia a ambição e o entusiasmo dele. Detestam o idealismo fantasioso e a imaginação quimérica. São realistas e se conduzem com firmeza. Adoram a ação e o trabalho. O homem de Rato é mais hábil e eficiente nas gestões, nas quais lhe auxilia a mulher de Serpente, que se destaca, entre outras virtudes, pela prudência e hipersensibilidade contra o perigo. O amor passional do homem de Rato vence a reticência inicial da mulher de Serpente. Experimentam grande prazer em suas relações amorosas. Sabem perdoar um do outro os defeitos e os erros cometidos, porque os laços afetivos que os unem são tão sólidos que nada no mundo pode romper.

RATO E CAVALO
Um casal de convivência difícil, repleta de conflitos e desgostos. O caráter excessivamente independente dos dois nativos impossibilita uma realização afetiva total. O sexo, que durante um período é intenso, em vez de aproximá-los, separa-os mais, pois descobrem que não era amor que os incitava ao ato físico, mas simplesmente a excitação sensorial e a descarga sexual. A pessoa de Rato não tolera o temperamento irritável e contraditório da pessoa de Cavalo, enquanto esta detesta a astúcia e as artimanhas daquela. As brigas ficam cada vez mais frequentes e virulentas. A vida torna-se impossível devido ao escasso entendimento mútuo, à indiferença e ao egoísmo. Não podem compartilhar nem da felicidade nem dos sofrimentos. E, para piorar, os dois são ciumentos e desconfiam da moral e do comportamento do cônjuge.

RATO E CABRA
Um casal insatisfeito. Dificilmente um homem de Rato se casaria com uma mulher de Cabra, hipersensível e fantasiosa. A mulher de Cabra muito menos o faria se não fosse tolerada e adulada. Uma vez casados, o homem de Rato descobrirá que suas economias são muito precárias para satisfazer os desejos materiais da mulher de Cabra, que adora o luxo e a opulência. Ao mesmo tempo, esta se dá conta da avareza e do materialismo insaciável de seu companheiro. Os dois sentem-se insatisfeitos ao máximo. Ainda que não discutam, nunca chegam a reconciliar-se. A frieza em suas relações romperá praticamente todos os laços de afeto. Sentirão desolação em seus corações. A vida em comum se converterá em um tremendo dissabor.

RATO E MACACO
É uma união que lhes brinda a maior felicidade da Terra. A pessoa de Rato, enfeitiçada pela beleza e pelo encanto da pessoa de Macaco, está perdidamente apaixonada. Seu inesgotável entusiasmo converte-a em um torvelinho de fogo que derrete qualquer resistência da pessoa de Macaco e conquista seu amor. Esta, fascinada pela capacidade e ambição da pessoa de Rato,

desfruta com grande ilusão uma companhia tão cativante. São muito entregues ao amor, experimentando um extraordinário prazer. São solidários, compreensivos, tolerantes e respeitosos. Têm plena confiança na capacidade de seu companheiro(a), a quem cada um trata de ajudar em tudo o que pode. Não renunciaria sequer ao maior sacrifício por seu bem, formulando sempre os melhores votos pela permanência de seu amor. Sabem preservar a harmonia que caracteriza as suas relações, reparando com frequência as pequenas fissuras que surgem, de modo que mantêm o amor sempre renovado e puro.

RATO E GALO
Um casal que briga até a morte ou se separa antes. A convivência é quase impossível, pois é rebaixada pelas virulentas críticas e desqualificações. A pessoa de Galo passa o dia apontando, zombando dos defeitos da pessoa de Rato, dimensionando-os com hipérboles. Um ataque tão severo à dignidade da pessoa de Rato acaba com os afetos que esta sentia, deixando o seu mundo afetivo tão vazio como um campo inóspito. Em sua desolação, sente que o matrimônio é um engano. A pessoa de Rato não tolera os caprichos do crítico impiedoso. Odeia os cínicos exageros e a hostilidade de seu cônjuge. A frustração que sente por sua união com a pessoa de Galo faz que perca o amor pelo trabalho. A pessoa de Rato irá se manter totalmente indiferente diante das dificuldades econômicas da família destroçada. Em contrapartida, está cada vez mais determinada a contestar dente por dente os impropérios da pessoa de Galo.

RATO E CÃO
Um casal positivo. Apesar das poucas afinidades, conta com um alto nível de compenetração. O amor que os une é puro e gratificante. É um casal trabalhador, sociável, honesto e totalmente sensível. Notam qualquer tendência nova e a mais leve manifestação das pessoas ao redor. Sabem modificar sua estratégia de acordo com as mudanças recentes no mundo à sua volta. Possuem pleno respeito e muita tolerância na família. São exaltadas as virtudes em detrimento das deficiências. A ambição e o

materialismo da pessoa de Rato não podem ultrapassar certos limites que a nobreza moral e ética que a pessoa de Cão estabelece com retidão; ao mesmo tempo, o pessimismo desta dilui-se notavelmente graças à vitalidade alegre e imaginativa daquela. Complementam-se e se corrigem. Sem grandes luxos, mas também não têm de passar por penúrias em nenhum momento.

RATO E PORCO
Um casal apaixonado. A sensualidade caracteriza suas relações. Desfrutam intensamente dos atos amorosos, quando dão livre curso à sua viva imaginação. Atraem-se poderosamente. O sexo é o pilar de sua convivência. Muitas vezes, a obstinada busca de novas sensações de prazer beira a luxúria. Magnetizados pelo ímã do amor terreno, não se dão conta de que necessitam de outros vínculos que os unam e consolidem seu matrimônio. Por culpa da paixão desenfreada, a pessoa de Rato perderá boas oportunidades para o negócio ou desenvolvimento profissional. A pessoa de Porco não pode controlá-la e dar-lhe conselhos sadios porque peca da mesma debilidade. Quando despertam da loucura amorosa, defrontam-se com um mundo lhes parece cada vez mais desconhecido e que se nega a oferecer-lhes as oportunidades perdidas. Desiludem-se pelo negócio que vai mal e pela desalentadora perspectiva profissional.

BOI

CARACTERÍSTICAS FUNDAMENTAIS

Pronúncia em chinês	*Niu*
Nº de ordem no Zodíaco chinês	Segundo
Horas que rege	1 – 3
Direção do seu signo	Norte / Noroeste
Estação e mês que domina	Inverno – janeiro
Elemento fixo	Água
Tronco	*Yin* (negativo)

TABELA DE CORRESPONDÊNCIAS COM O CALENDÁRIO CRISTÃO

Desde	Até	Elemento	Aspecto
19.2.1901	7.2.1902	Metal	*Yin*
6.2.1913	25.1.1914	Água	*Yin*
25.1.1925	12.2.1926	Madeira	*Yin*
11.2.1937	30.1.1938	Fogo	*Yin*
29.1.1949	16.2.1950	Terra	*Yin*
15.2.1961	4.2.1962	Metal	*Yin*
3.2.1973	22.1.1974	Água	*Yin*
20.2.1985	8.2.1986	Madeira	*Yin*
7.2.1997	27.1.1998	Fogo	*Yin*
26.1.2009	13.2.2010	Terra	*Yin*

O BOI

Na China, a denominação "boi" é genérica. Para distinguir os diferentes tipos desse animal manso e robusto, agrega-se uma série de elementos explicativos, por exemplo, a vaca chamamos de "boi de leite"; o búfalo, "boi de água"; o touro, "boi de luta"; o bezerro, "boi pequeno". Da mesma forma, há termos gerais como "boi macho", "boi fêmea" (diferentes do touro e da vaca), "boi amarelo", "boi selvagem", "boi manso" etc.

No sul da China, quando se fala do boi, refere-se geralmente ao búfalo, que é a espécie mais conhecida ao sul do Rio Yang-tsé; enquanto, no Norte, essa denominação faz referência unicamente ao boi amarelo, utilizado tradicionalmente para a lavoura e o transporte nas zonas rurais.

O boi é, na China, o símbolo do trabalho, do esforço, da tenacidade, do vigor, da honestidade, da lentidão, da mansidão e do sacrifício. Popularmente existem muitos ditos e provérbios que associam essas características a esse animal. Na imaginação dos poetas e escritores, o boi é a base para milhares de figuras; algumas são bem conhecidas, como: "Com as sobrancelhas franzidas e rígidas, enfrento os meus inimigos; mas, contente e manso, inclino-me para ser boi para as criancinhas" (de Lu Xun, o maior ensaísta e poeta da literatura chinesa moderna).

O boi está estreitamente relacionado com a agricultura. Na China há pouca criação de gado, mais limitada na fronteira com o interior da Mongólia, no norte do país. Por isso, tradicionalmente não se come muita carne bovina (exceto a população muçulmana), por considerá-los animais de lavoura. Só são sacrificados quando estão velhos. Na China, as carnes mais consumidas continuam sendo as de porco e de frango. Toma-se pouco leite de vaca em comparação com a Europa, e são escassos os produtos lácteos. O crescente consumo de carne bovina e de leite é um fato característico dos últimos dez ou vinte anos. Não é como na Índia, onde o animal é considerado uma divindade, a que nada pode tocar, muito menos sacrificar; na China, esse costume deve-se, sobretudo, à escassa pecuária.

O boi era um animal de sacrifício para as cerimônias imperiais do Culto ao Céu, que eram celebradas duas vezes ao ano, no soberbo Templo do Céu, localizado a 3 quilômetros ao sul da Cidade Proibida. Os imperadores chineses iam até lá todos os anos para presidirem os atos religiosos. Igualmente, os generais do Exército também sacrificavam esses animais antes de iniciarem uma batalha para ler nos cascos do boi a sorte de sua estratégia.

O ANO DO BOI

O ano do Boi é o segundo dentro do quadro cronológico do Zodíaco chinês.

Trata-se de um ano que nos incita ao trabalho, à perseverança e à responsabilidade. Descobrimos que há muito a ser feito nos negócios, nos estudos, no trabalho, inclusive dentro da própria casa. Muitos trabalhos foram iniciados e é necessária a continuação para se conseguir os primeiros resultados. Alguns apresentam dificuldades que requerem esforço e muita perseverança. Temos a sensação de que não se pode deixar nada sem fazer, pois temos a obrigação de terminar o que começamos, se não quisermos que nos acusem de irresponsáveis.

É um ano que rende culto à tenacidade e ao realismo. A frivolidade e o palavrório não têm espaço. Diante do acúmulo de trabalhos a ser realizados, qualquer promessa vazia ou fútil torna-se desprezível. É inútil travar discussões enérgicas sobre a política dos ismos atomizados, a ideologia escolástica ou a economia pura dos números arábicos. As pessoas cortam as intermináveis conversas após as refeições para ter mais tempo de trabalho, recusam certos momentos da vida social para dar prioridade à apertada agenda de assuntos urgentes.

A arte tende a ressaltar os valores clássicos e a depreciar a ruptura de inovações vanguardistas. Os postulados do liberalismo cedem aos critérios conservadores, e a tradição volta a prevalecer sobre os anseios de qualquer transformação infundada.

É um ano em que uma manifestação sólida de afeto tem mais êxito que mil adulações. São detestadas a orgia e a promiscuidade, enquanto os valores do amor autêntico e eterno são exaltados.

Os conflitos desse ano provêm, sobretudo, da falta de comunicação e da má compreensão.

A PERSONALIDADE DA PESSOA DE BOI

Os que nascem nos anos do Boi levam em seu sangue uma qualidade extraordinária: a tenacidade. São perseverantes e conscienciosos. Uma vez que concebem uma meta, trabalham honradamente para o seu cumprimento. Não há nada nem ninguém que pode desviá-los de seu objetivo. Sustentados por um admirável equilíbrio mental e orientados por um grande sentido realista, realizam esforços constantes para alcançar o seu propósito. São, nesse sentido, bastante teimosos, pois não admitem conselhos nem persuasões, nem se dobram a nenhum tipo de pressão ou coerção.

São introvertidos, calados e lentos, o que não impede que mantenham uma lógica cerebral impecável e uma grande lucidez realista. Detestam a vaidade, o alarde e os modos cafonas que só buscam exaltar o egocentrismo e ressaltar satisfações pessoais. Nas reuniões de amigos, gostam mais de escutar com interesse que falar. Às vezes passam a sensação de que estão distraídos ou indiferentes, mas, na realidade, não estão. Sua fala sempre é curta e premeditada, e encerra critérios maduros e equilibrados. Nos momentos críticos de caos e confusão, podem romper seu habitual silêncio, deixando as pessoas deslumbradas com seu discurso eloquente e contundente.

De aspecto ameno e sereno, são tranquilos e tolerantes, desde que não lhes provoquem ou humilhem. Colocam-se impetuosos diante de agressões. Seu instinto de proteção os mantém alertas, reagindo energicamente contra o fantasma do perigo. Nesses casos, perdem a habitual serenidade, convertem-se em feras que lutam por sua própria vida, com mais honestidade que astúcia, até cair heroicamente na armadilha dos matadores.

São conservadores por excelência. Apegados aos valores tradicionais e clássicos do comportamento social. Odeiam a vaidade, a extravagância e a atitude indisciplinada diante da vida. São inimigos de boatos e fofocas irresponsáveis. Regem a sua conduta com rigorosos critérios morais, tratando de ser educados, nobres, prudentes e moderados. Respeitosos com a tradição e a convenção social, adaptam-se mal às mudanças bruscas que destroem o velho esquema de vida.

A ordem e o equilíbrio são outras qualidades de sua maneira de ser. Meditam com calma antes de emitirem qualquer juízo. Planejam tudo com calma, ruminando as possibilidades, vantagens e desvantagens. Depois seguem estritamente os passos planejados metodicamente para executarem o plano. É possível que sejam lentos na atuação e pobres de imaginação para alcançar maior flexibilidade, mas não por isso deixam de ser eficientes, já que a grande seriedade de seu compromisso torna-os melhores cumpridores de uma promessa. Não dizem nada de que não estão convencidos. Contudo, uma vez dito, pode "pagar para ver". Se outros animais são bem-sucedidos por conta da inteligência ou ajuda dos demais, o Boi o é graças à sua ordem e constância.

Demoram em estabelecer uma amizade, mas, uma vez estabelecida, não a perdem nunca. São generosos e sinceros, totalmente confiáveis, inclusive nos momentos de maior penúria e risco. Para eles a amizade é sagrada. Esse nobre conceito os faz assumir a mais alta ética em seu comportamento com os amigos. Dispostos a aconselhar e a ajudar, podem formar juízos maduros em qualquer momento, sem interferir na vida alheia.

Existe em seu mundo interior um terreno no qual nada pode entrar, nem seus amigos mais afins. É algo assim como a essência íntima de seu universo filosófico. Não os comovem adulações, elogios exagerados ou exaltações intencionais. Sabem o que são e o que valem. São modestos, mas muito dignos. Nunca lisonjeiam nem hiperbolizam a verdade para impressionar aos outros.

Quando algo vai mal, em vez de se queixarem, redobram o esforço para procurar remediá-lo. Têm um espírito estoico diante da dor e do fracasso. Sofrem silenciosamente, mas se mantêm dignos. Se têm a esperança de remediar a situação, não medem tempo nem sacrifício para recuperar o que foi perdido. Se isso não for possível, fecham-se em seu habitual mutismo.

A família constitui um dos seus pilares espirituais e a realização de sua vida. São filhos respeitosos e pais responsáveis. Atentos ao bem-estar dos idosos, estão presentes em qualquer momento de necessidade. Cercam de amor os seus próprios filhos, com quem, no entanto, são severos e inflexíveis. Sabem fazer-se respeitar. Não permitem que burlem a sua autoridade.

Tudo que ordenam tem de ser cumprido ao pé da letra. São bons educadores, que dão exemplo com a sua própria conduta, e querem que os filhos adquiram as qualidades da honradez, seriedade e sacrifício.

As mulheres de Boi são limpas, organizadas e moderadas. Esposas prestativas que nunca permitirão que seu marido vá trabalhar com uma camisa suja ou que coma a carne queimada. São boas administradoras do orçamento familiar, procurando criar toda a comodidade possível, sem sacrificar o saldo favorável da balança anual.

Os homens de Boi nascidos durante o dia são mais ativos, trabalhadores e lutadores. Os que nasceram à noite são mais estoicos e esforçados, e aguentam melhor a penúria e as adversidades.

Honrados, dignos, éticos, generosos, trabalhadores, disciplinados, calados, tolerantes e solidários, os nativos desse signo alcançam o seu objetivo graças à sua perseverança e força. Não têm a astúcia de buscar um atalho ou uma recomendação para alcançar a sua meta. Possuem aptidões para subir a altos cargos na carreira militar, técnica ou executiva. Mas é preciso que corrijam alguns defeitos inatos, como a rigidez, a lentidão, a inexpressividade e a teimosia, para tornarem-se diplomáticos ou encarregados de relações públicas.

O BOI E OS CINCO ELEMENTOS

BOI DE METAL (nascidos em 1901 e 1961)
Uma pessoa resolvida. Tem ideias muito claras do que quer, não mede esforços para alcançar seus objetivos. É enérgica, decidida, obstinada. Entra às vezes em conflito com os companheiros por divergência de opiniões, inclusive se atreve a desafiar a autoridade superior se esta quer impor-se injustamente. É séria, responsável e muito trabalhadora. Quando está motivada, entrega-se de corpo e alma a uma causa com uma perseverança admirável. Se fracassa, torna-se egoísta e rancorosa. Seus gostos na arte e na literatura são mais voltados para os clássicos. Detesta a frivolidade e a promiscuidade que degradam os valores

de um amor sólido e realista. Sua vida afetiva é intensa e pouco imaginativa.

BOI DE ÁGUA (nascidos em 1913 e 1973)

Clarividente, é a mais lúcida e inteligente das pessoas de Boi. Ao contrário da obstinação característica da raça bovina, tem muita flexibilidade e adapta-se muito bem às circunstâncias. Encanta-lhe estar com os amigos para contar suas experiências, dando ou pedindo conselhos sadios e cheios de filosofia. Não se movimenta sozinha; apesar de ser independente, busca sempre a solidariedade e o apoio moral ou material para a execução de seus projetos. É intuitiva e dinâmica, aficionada por esportes e viagens exóticas. Ávida por novas experiências, busca a amizade desinteressada e o amor autêntico. É uma amante divertida e imaginativa. Seu defeito consiste na impaciência e na falta de constância. Poderia ser um pouco mais persistente e menos distraída; poderia chegar longe, por conta de sua sagacidade e capacidade de convencer os demais.

BOI DE MADEIRA (nascidos em 1925 e 1985)

Uma pessoa sociável. Sua honradez e nobreza permitem-lhe desenvolver-se com êxito na vida social. Para a pessoa de Boi é fácil fazer amigos, aos que trata com gentileza. É colaboradora e encara perfeitamente uma equipe de trabalho. Seus critérios são realistas, acertados e um pouco conservadores. Combate a injustiça e o preconceito existentes nas relações sociais, promovendo a ética e os valores morais ortodoxos. Dotada de um espírito empresarial, é uma candidata ideal para a direção de importantes projetos. Ganha o apreço dos companheiros por sua competência e sacrifício. Seu defeito está na excessiva ambição e na precipitação com que executa os seus planos, de modo que fracassa com certa frequência e sente-se desiludida.

BOI DE FOGO (nascidos em 1937 e 1997)

Uma pessoa febril. Sua extraordinária paixão pela vida determina que viva com intensidade. Trabalha com furor, sem conhecer o cansaço. Ama com delírio e é luxuriosa em suas fantasias eróticas. Na política é radical e ousada, com certo carisma por sua firmeza de vontade e sua veemência pelas mudanças. Em alguns momentos empreende planos arriscados, movida por ambições desmesuradamente materialistas. É agressiva e orgulhosa, dotada de grande capacidade de trabalho. Não gosta de aceitar a opinião dos demais, sendo bem mais inclinada a impor os seus critérios com autoridade. Em qualquer momento quer ser a mais forte. Não poupa esforços para conseguir um objetivo, mas exige que estes sejam suficientemente ponderados e reconhecidos. De outro modo, irrita-se facilmente, protestando por tudo e lançando-se contra todos os obstáculos. Tem grande capacidade de trabalho, mas a traem sua impetuosidade e obstinação.

BOI DE TERRA (nascidos em 1949 e 2009)
Uma pessoa realista. O elemento Terra combina-se perfeitamente com a personalidade da pessoa de Boi, de modo que é trabalhadora, obstinada, honesta e realista. Não está dotada para reflexões, tem pouco poder imaginativo, mas seu grande apego à realidade confere-lhe consistência ao caráter. Não se apaixona por ilusões infundadas ou miragens. É sólida em sua proteção pessoal e estoica em seu trabalho. Não é propensa à hipersensibilidade, por isso nunca sofre de fortes altos e baixos emocionais. Mantém-se à margem de todo tipo de estresse e crise psíquica. Sua grande estabilidade emocional, tanto diante de dificuldades como diante da glória, permite-lhe firmar-se nos valores mais sólidos da vida. Não é muito sociável, mas é a amiga mais segura do mundo. Grande protetora da família, é um exemplo de fidelidade. Se não se importarem com a sua personalidade teimosa e conservadora, é uma companhia magnífica que o acompanhará por toda a vida trabalhando honradamente.

O BOI E SEUS ASCENDENTES

A hora e o lugar de nascimento influenciam em nossa personalidade. O denominado ascendente refere-se ao signo astrológico que nasce no leste no momento do nosso nascimento. Cada animal do Zodíaco chinês domina duas horas. Isto determina a influência de determinado signo no modo de agir e sentir de uma pessoa.

BOI COM ASCENDENTE EM RATO (das 23h à 1h)
A influência do signo de Rato converte esse nativo em um ser cheio de sentimentos. O encanto da pessoa de Rato enternece-o e lhe confere maior capacidade de comunicação. É poupador e não desperdiça nada.

BOI COM ASCENDENTE EM BOI (da 1h às 3h)
Um excelente protótipo militar. Disciplinado, rigoroso, abnegado e rígido. Carece de imaginação e humor. Destaca-se seu grande espírito estoico de sacrifício.

BOI COM ASCENDENTE EM TIGRE (das 3h às 5h)
Esse nativo adquire a impulsividade e o espírito rebelde do Tigre. Possui encanto e carisma. Normalmente franco, liberal e obstinado, fica agressivo e violento quando se aborrece.

BOI COM ASCENDENTE EM COELHO (das 5h às 7h)
A elegância e a diplomacia que caracterizam o Coelho fazem que esse nativo tenha bons modos, seja culto, discreto e amante das artes. É eficiente, apesar de não gostar de trabalhar excessivamente. Tem grande inclinação ao conforto e às antiguidades.

BOI COM ASCENDENTE EM DRAGÃO (das 7h às 9h)
Esse nativo adquire o caráter soberbo e ambicioso do Dragão. Ostenta uma extraordinária força e poder. É nobre, de ideais celestiais. Poderia chegar muito longe se não fosse tão rebelde e teimoso.

BOI COM ASCENDENTE EM SERPENTE (das 9h às 11h)
O silêncio do Boi destaca-se com a serenidade e o caráter taciturno da sábia Serpente. Desconfia da utilidade dos conselhos sadios. Fechado em seu próprio mundo, é reticente à amizade e à solidariedade.

BOI COM ASCENDENTE EM CAVALO (das 11h às 13h)
Por influência da personalidade de Cavalo, essa pessoa de Boi é alegre, dinâmica, despreocupada e instável em seu comportamento habitual. Encantam-lhe as viagens, as festas e o esporte.

BOI COM ASCENDENTE EM CABRA (das 13h às 15h)
A Cabra dá-lhe ternura e adaptabilidade. É a menos teimosa das pessoas de Boi e a mais inclinada às artes. Carece de um caráter independente, anseia por carinho, elegância e uma vida sem preocupações materiais.

BOI COM ASCENDENTE EM MACACO (das 15h às 17h)
A jovialidade, a perspicácia e o talento do Macaco destroem a obstinação e a solidez de seu caráter. É uma pessoa despreocupada, inteligente e tem senso de humor.

BOI COM ASCENDENTE EM GALO (das 17h às 19h)
Responsável, consciencioso e apegado aos princípios, o caráter melindroso do Galo confere-lhe motivos suficientes para combater ilusões e preconceitos. É excepcionalmente obstinado.

BOI COM ASCENDENTE EM CÃO (das 19h às 21h)
A fidelidade e o senso de justiça do Cão combinam com a personalidade sólida do Boi, permitindo-lhe mais perspicácia e honestidade, sem diminuir nada de seu espírito de trabalho e sacrifício.

BOI COM ASCENDENTE EM PORCO (das 21h às 23h)
O Porco reforça o conservadorismo da pessoa de Boi, dando-lhe dimensões novas à sua personalidade: o materialismo, a sensualidade e os sentimentos afetuosos. É dócil, afável e muito carinhosa.

COMO A PESSOA DE BOI
PASSA OS OUTROS ANOS DO ZODÍACO CHINÊS?

ANO DO RATO
É um ano tranquilo e próspero. Bom rendimento no trabalho. Os problemas que vinha arrastando há tempos serão resolvi-

dos. Irá se sentir satisfeito porque seu mérito será reconhecido e lhe confiarão trabalhos importantes. Terá boas notícias no círculo familiar.

ANO DO BOI
Apesar de ter de adiar o seus planos e enfrentar dificuldades imprevistas, este ano não será ruim. É particularmente favorável para o amor e a amizade. Dedicará mais tempo às crianças e às tarefas domésticas. Terá de fazer alguma viagem a trabalho ou convidar uns amigos para estreitar as relações de amizade.

ANO DO TIGRE
É um ano difícil, no qual encontrará muitas dificuldades. Precisará usar seu caráter persistente para superá-las. Convém-lhe evitar a impulsividade do Tigre, esperar com paciência que frutifiquem seus esforços. Irá se sentir obrigado a reconsiderar sua situação. Um bom conselho para esse ano tumultuoso é o de que tenha muita prudência e não se aventure em nada que não tenha sido previsto.

ANO DO COELHO
O caráter pacífico do Coelho lhe prevê um ano de paz, que, com um pouco de lucidez nos assuntos econômicos, pode resultar-lhe em benefícios. Os investimentos realizados nesse ano lhe darão muitos bons resultados. Desfrutará de boa saúde, afeto, paz e êxito profissional.

ANO DO DRAGÃO
Seu excelente estado físico e os ideais espirituais lhe levarão a realizar projetos ambiciosos. Estará muito ocupado, trabalhando intensamente, sem tempo para dar atenção à família e às amizades. Anima-o a ilusão do êxito. Conhecerá algumas pessoas influentes, mas não desistirá do esforço e do trabalho cotidiano.

ANO DA SERPENTE
A astúcia da Serpente lhe dará oportunidades de ganhar bastante dinheiro, sem necessidade de se sacrificar. Possivelmente o seu comportamento provocará algum mal-entendido. Conse-

quentemente, alguns amigos lhe virarão as costas. Você se verá obrigado a esclarecer as coisas e a demonstrar sua inocência.

ANO DO CAVALO
O Cavalo lhe causará muito aborrecimento nesse ano que é, por si só, intranquilo. A perspectiva no amor se tornará insegura. Além disso, lhe perseguirão problemas de dinheiro constantemente. Seu estado físico também não atravessará um bom momento, já que terá momentos de mal-estar que poderão se complicar. Até o mês de agosto poderá superar a má fase. Então deverá fazer planos para o futuro.

ANO DA CABRA
Receberá algumas boas notícias que fortalecerão seu ânimo. Contudo, não terá grandes progressos nesse ano. Desfrutará de boa saúde, paz e ternura na família. Mas não deve facilitar, porque pode perder algo que havia praticamente ganhado. Haverá momentos em que se sentirá só e melancólico.

ANO DO MACACO
Um ano feliz e próspero. O talento do Macaco ajuda-lhe a estabelecer amizade com pessoas íntegras e influentes. Esperam-lhe gratas surpresas na família. No trabalho terá uma colaboração eficaz dos companheiros e uma possibilidade de se promover a um cargo superior. Só terá de esfriar um pouco a cabeça.

ANO DO GALO
Encontrará coisas inusitadas: um amor fortuito, um dinheiro extra não previsto, uma viagem exótica, uns inimigos intrusos ou, simplesmente, uma fantasia. Com exceção dessas experiências raras, seguirá apegado ao trabalho cotidiano, no qual se sentirá plenamente realizado. Terá fortes aborrecimentos por ser excessivamente exigente e ranzinza.

ANO DO CÃO
Parecia que iria ter muitos problemas, mas a solidariedade e a audácia têm ajudado a superá-los. No fundo, é um ano bem

aceitável. Desaparecerão muitos obstáculos e adversários. Sua situação no trabalho melhorará notavelmente. Terá de fazer alguma viagem a negócios e deixar temporariamente a família e as pessoas queridas.

ANO DO PORCO
Espera-lhe um ano agitado, em que nem todos seus esforços lhe darão frutos. Surgirão aborrecimentos, mal-entendidos e conflitos, tanto no trabalho como no plano familiar, por culpa alheia. Mas não deve desanimar, pois as coisas não vão demorar em clarear, e voltarão a ser como antes. Sua condição física não estará no melhor momento. Será melhor preocupar-se um pouco mais com a saúde.

A PESSOA DE BOI NO AMOR

BOI E RATO
Um casal estável. A pessoa de Boi é forte, sólida e trabalhadora. Protege a pessoa de Rato, dando-lhe conforto e segurança. A pessoa de Rato admira as virtudes da pessoa de Boi, que lhe enche de carinho e ternura. Possuem uma economia folgada e um lar organizado graças ao talento administrativo da pessoa de Rato. Sem grandes aspirações materiais, conformam-se com uma vida afetuosa e tranquila, com a qual ambos estão satisfeitos.

BOI E BOI
Um casal excessivamente sério. A união de dois seres diligentes, conscienciosos e seguros cria um casal responsável e solene. São afáveis com os amigos e generosos com a família, mas, devido a sua teimosia e espírito materialista, levam uma vida de silenciosa tensão e inflexibilidade. Evidentemente, falta-lhes um pouco de otimismo e jovialidade para mudar sua atitude pessimista e dar uma nova dimensão à vida. Suas relações afetivas são monótonas, cerimoniais e pouco imaginativas. Precisam aumentar a pouca criatividade de sua personalidade para superar a chatice de sua convivência.

BOI E TIGRE
Um casal incompatível. A enorme diferença de personalidade os distancia e antagoniza. A pessoa de Boi detesta a impulsividade e o gênio ruim da pessoa de Tigre, enquanto esta não aguenta a indiferença e teimosia daquela. Nos constantes conflitos entre o materialismo do indivíduo de Boi e o idealismo do indivíduo de Tigre, queixam-se, aborrecem-se e se ferem mutuamente. Poderão se sentir frustrados pela falta de compenetração e tolerância. Não encontram pontos em comum, e suas relações afetivas esfriam-se drasticamente.

BOI E COELHO
Um casal satisfatório. Complementam-se perfeitamente o realismo, a confiança e a solidez do marido de Boi com a sociabilidade, a ternura e a diplomacia da mulher de Coelho. Ela é muito sensível, talvez muito introvertida para o gosto do homem de Boi. Ela não gosta da teimosia dele, mas não encontra meio de ensiná-lo a ser astuto. Custa-lhes adaptar-se um ao outro, mas levam uma convivência pacífica e em nenhum momento deixam de se ajudar com solidariedade.

BOI E DRAGÃO
Um casal que precisa implantar a harmonia na convivência. Para o caráter enérgico, rebelde e orgulhoso da pessoa de Dragão, a pessoa de Boi é muito lenta, metódica e pensa demais para agir. Possuem diferentes filosofias de vida e não coincidem no modo de ser. Mas se souberem respeitar a mútua independência, podem levar uma convivência bastante aceitável. Em suas relações afetivas, a pessoa de Boi precisa um pouco mais de imaginação exótica para agradar à pessoa de Dragão, enquanto que esta terá de mostrar mais apego à realidade terrena e se ocupar mais dos assuntos domésticos.

BOI E SERPENTE
Um casal feliz. A união entre a pessoa de Serpente, encantadora, e a pessoa de Boi, trabalhadora, saúda-lhes com felicidade para toda vida. A pessoa de Boi, enfeitiçada, admira a astúcia e a sabedoria da pessoa de Serpente; e esta desfruta da força,

proteção e conforto que procura na pessoa de Boi. Irão se sentir satisfeitos e realizados na vida comum. Não se cansarão em sua vida sexual, assim reiterando a fidelidade conjugal. Sempre terão inspiração para preparar pequenas surpresas cheias de ternura para o casal.

BOI E CAVALO
Um casal instável. A pessoa de Cavalo, por seu caráter ostentador e frívolo, não pode agradar à pessoa de Boi, sedentária, que quer um lar organizado e tranquilo. Muito menos a pessoa de Boi pode agradar à pessoa de Cavalo, dando-lhe liberdade total para seus gostos ociosos. Ainda que vivam juntos, seus gostos e ideais são tão diferentes que os distanciam irremediavelmente. Sentirão falta de uma compreensão profunda e de uma compatibilidade entre os dois. Os momentos de ternura e amor são passageiros e interrompidos sempre com uma sensação de distanciamento.

BOI E CABRA
Um casal de personalidade contrastante. A pessoa de Cabra é terna, delicada e refinada. Necessita que a mimem e a protejam com carinho. A pessoa de Boi é categórica, forte e inflexível; deseja uma companhia lúcida e solidária. Possuem um lar agradável e desfrutam de momentos de sensualidade e êxtase enquanto as diferenças de caráter não se chocam. A pessoa de Cabra se aflige se lhe elevam o tom ou se lhe negam o ombro para chorar, mas não quer compreender a pessoa de Boi, que leva todo o peso da responsabilidade familiar. Esta sente-se frustrada ao não encontrar apoio suficiente naquela.

BOI E MACACO
Um casal desequilibrado. Ambos são independentes e sabem o que querem. Mas um não consegue penetrar no mundo interior do outro. Embora a pessoa de Macaco seja inteligente e talentosa, não pode evitar seus caprichos e vaidades, que irritam a pessoa de Boi. Esta tem um espírito conformista, mas é propensa a reações violentas quando vê desafiada sua autoridade e burlada sua personalidade. Ambos são materialistas

e desejam o êxito e o lucro, mas vão por caminhos diferentes para consegui-los.

BOI E GALO
Um casal conservador que desfruta da rotina. É a união de dois seres trabalhadores e responsáveis. Apreciam e admiram um no outro a eficiência e a capacidade analítica. Desfrutam a rotina como se fosse uma grande proeza, sem ambições desmesuradas de lucro e de fama. Conformados com a vida real, fazem todo o possível para tirar brilho da opacidade. Cuidam da elegância dos detalhes e da ordem do lar; trabalham sem parar com o propósito de dar mais folga à economia doméstica. Amam-se intensamente.

BOI E CÃO
Um casal franco. A pessoa de Cão é uma companhia generosa, modesta e fiel. Mas protesta quando a pessoa de Boi trata-a com despotismo e frieza. Desfrutam de franqueza e ternura enquanto tudo anda na linha, sem ferir o amor-próprio do casal. Os conflitos surgem quando ficam muito exigentes. A pessoa de Cão despreza o espartano e frio que é a pessoa de Boi, e esta não tolera a curiosidade e o tom satírico da pessoa de Cão. É necessário que façam concessões para uma convivência amena.

BOI E PORCO
Um casal que se atrai poderosamente. Possuem muitos pontos em comum: a seriedade, a paciência, o entusiasmo e a persistência. A pessoa de Boi admira a simplicidade e o espírito de sacrifício da pessoa de Porco, dando-lhe todo o apoio para a realização de seus objetivos. A pessoa de Porco desfruta a boa companhia da pessoa de Boi, buscando renovar sempre o feitiço de sua sensualidade para atrair a atenção de seu cônjuge. Respeitam-se, estimulam-se e se amam com toda sinceridade. Se não fosse pelo conservadorismo bem seguro da pessoa de Boi, cairiam na luxúria.

TIGRE

CARACTERÍSTICAS FUNDAMENTAIS

Pronúncia em chinês	*Hu*
Nº de ordem no Zodíaco chinês	Terceiro
Horas que rege	3 – 5
Direção do seu signo	Leste / Nordeste
Estação e mês que domina	Inverno – fevereiro
Elemento fixo	Madeira
Tronco	*Yang* (positivo)

TABELA DE CORRESPONDÊNCIAS COM O CALENDÁRIO CRISTÃO

Desde	Até	Elemento	Aspecto
8.2.1902	28.1.1903	Água	*Yang*
26.1.1914	13.2.1915	Madeira	*Yang*
13.2.1926	1º.2.1927	Fogo	*Yang*
31.1.1938	18.2.1939	Terra	*Yang*
17.2.1950	5.2.1951	Metal	*Yang*
5.2.1962	24.1.1963	Água	*Yang*
23.1.1974	10.2.1975	Madeira	*Yang*
9.2.1986	28.1.1987	Fogo	*Yang*
28.1.1998	15.2.1999	Terra	*Yang*
14.2.2010	2.2.2011	Metal	*Yang*

O TIGRE

Na China, o tigre é o símbolo do poder e da força. Segundo a astrologia chinesa, o primeiro tigre do mundo originou-se da metamorfose da estrela Alfa, da constelação da Ursa Maior. Isso foi em julho, mês em que se forjava a essência de *Yang*. Por essa razão, ao tigre é atribuída a máxima qualidade das energias positivas (o *Yang*): o entusiasmo, o valor, a virilidade, a firmeza, o calor e o fogo. Essas características do *Yang* sempre são associadas a essa fera felina, tanto na semântica como nas crenças populares. Nas pitorescas farmácias chinesas, que são uma espécie de boticário-herbário, quase todos os afrodisíacos ou instrumentos destinados ao estímulo da virilidade fazem alguma menção ao tigre, seja na descrição ou na composição, já que os ossos, os testículos e os genitais do tigre são considerados como altamente afrodisíacos.*

Há uma lenda muito popular na China que narra como uma raposa inteligente aproveita o poder do tigre para salvar a sua vida: era uma vez um tigre faminto que encontrou uma raposa. Quando ia devorá-la, esta disse-lhe: "Um momento! Sou o rei do bosque, não há nenhum animal que não me tema. Se quer comprovar, siga-me e vamos dar uma volta. Verá como os animais ficam quando passo". O tigre, meio incrédulo, aceitou a proposta e iniciou o percurso pelo bosque. Deu-se conta de que os animais realmente tremiam ao vê-los passar. Então deu por certo o que dizia a raposa e disse com uma grande reverência: "Desculpe, Sua Majestade, Rei do bosque". Esta lenda, chamada "A raposa aproveita o poder do tigre", evidencia claramente o tremendo poder, mas, ao mesmo tempo, a pouca astúcia desse felino.

O tigre inspira tanto medo que os escudos que eram utilizados para a guerra costumavam trazer desenhada a sua figura para espantar os inimigos. O codinome dos bandidos ferozes ou personagens intrépidos costumava ter alguma referência ao felino. Uma das expressões mais populares na China é a do "Tigre de papel", inventada por Mao quando fazia referência satiricamente ao poderio do imperialismo estadunidense.

---

*. Recentemente tem sido proibido o uso farmacêutico do tigre para ser garantida a sua proteção.

Segundo as crenças populares, o tigre pode viver mil anos. Após quinhentos anos, torna-se branco e deixa de devorar os seres viventes. O tigre branco é mais temível porque está dotado de poderes sobrenaturais.

Na China, o tigre é considerado um animal benévolo. Sua aparição é um bom sinal, porque espanta os maus espíritos, os ladrões e os incêndios. Por isso, a figura do tigre aparece profusamente nos móveis, na decoração, na vestimenta e nos adornos. Inclusive os sapatinhos tradicionais das crianças costumam ter a forma de um tigre.

O ANO DO TIGRE

O ano do Tigre é um ano explosivo, violento, devastado por guerras, disputas e calamidades. É um ano em que triunfa a audácia, a força e o entusiasmo.

Estimulado pelo ardor do fogo e das energias do *Yang*, o comportamento humano costuma ser impulsivo, intrépido e incisivo, o que fomenta um ambiente conflituoso e de mudanças dramáticas. A pouca diplomacia que se emprega nesse ano cria frequentemente situações-limite, provocando às vezes transformações vertiginosas em nossas relações, na sociedade ou no plano internacional.

No ano do Tigre a confiança entra em crise, a amizade é desprezada e a intelectualidade torna-se empobrecida. Ao contrário, prolifera-se o uso da força, do risco e do desejo de posse. Apresentam-se conjunturas propícias para a especulação, a bolsa e investimentos arriscados, com possibilidade de benefícios rentáveis. Ao contrário do que se pensa normalmente, o comércio, a indústria e alguns outros setores da economia podem prosperar nesse ano.

Com a confluência do poderio e as energias do *Yang*, é recomendável manter o sangue frio, ser valente e precavido. Esta é a única maneira de seguir adiante. A impulsividade, a vacilação e o medo não trazem mais que resultados negativos e complicações desagradáveis. É um ano de purificação, que elimina os indecisos e enaltece os valentes.

A PERSONALIDADE DA PESSOA DE TIGRE

A pessoa de Tigre é caracterizada pela coragem e audácia. Sua natureza intrépida a faz assumir sem vacilação as tarefas mais arriscadas. Não se altera diante de situações perigosas, muito menos evita o enfrentamento com poderosos. Não gosta de arrumar confusão, mas quando a provocam, ou quando as circunstâncias requerem seu compromisso, ali está ela decidida, firme, com vontade de chegar até as últimas consequências.

Transbordante de vigor e energia, a pessoa de Tigre tem grande apego à ação. É rápida, forte, certeira, eficiente e infatigável. Tudo o que tem conseguiu correndo atrás da presa e capturando-a a patadas. Trabalha sem parar. Nunca viverá à custa de ninguém nem com esmolas de mecenas.

A inteligência não é sua qualidade. É muito lenta para captar sutilezas e prever consequências. Por isso, às vezes comete erros de cálculo e cai em armadilhas. É impulsiva para iniciar uma ação e precipitada para levá-la ao fim. Falta-lhe a serenidade da Serpente e a perspicácia do Rato.

O que caracteriza o seu mundo interior é a despreocupação com interesses materiais. Não tem a avareza da pessoa de Galo nem a ambição especulativa da pessoa de Rato; a pessoa de Tigre é otimista, generosa, terna e sentimental. Agrada-lhe certo grau de conforto e procura ter algum dinheiro para viver, mas não se mata por dinheiro tampouco por outras ambições materiais. Para ela, a vida é multifacetada e cheia de cor. É necessário desfrutar de tudo o que for possível: a música, as crianças, a amizade, o carinho, as novas experiências, as viagens, o trabalho, a luta etc.

A pessoa de Tigre é moderna e liberal (sobretudo quando é mulher). Gosta de cuidar da aparência e seguir a moda. Tem grande interesse em olhar as vitrines e encher o seu armário com roupas elegantes. É atenta em seguir a modernidade em estética, gostos e novas formas de distração. Tem a pompa de desfrutar da vida tudo o que pode, sem complexos de nenhum tipo. Desdenha do desleixo na aparência e do conservadorismo nos hábitos. Combina harmoniosamente a seriedade profissional, a alegria da família e os pequenos caprichos do consumo.

Muito competente como profissional, trabalha com integridade e imaginação. É séria, responsável, abnegada, ética e sagaz. Não necessita que a controlem, porque sempre trabalha perfeitamente. Para que os seus conhecimentos não fiquem defasados, faz cursos de reciclagem profissional. Seu grande sentido de colaboração a permite trabalhar muito bem em equipe, na qual ela costuma ter uma responsabilidade importante.

Na juventude, a pessoa de Tigre é rebelde e vanguardista. É fascinada pela música moderna e a extravagância. Desdenha e satiriza os velhos costumes, a tradição e os valores estabelecidos. Essa atitude vanguardista a faz participar de todo tipo de desafios contra o convencionalismo. Pode ser muito violenta e irracional em sua atuação contra a velha ordem, cometendo brutalidades insensatas das quais se arrependerá por toda a vida. Mas faz isso por convicção e não por instinto destrutivo.

A pessoa de Tigre desdenha a mediocridade e luta para ser a melhor. Está convencida de que, com um esforço constante, alcançará seu propósito. Realmente, sua firme vontade e empenho na realização de seu objetivo trazem-lhe bons resultados. A pessoa de Tigre possui um espírito estoico e assume fortes sacrifícios caso fixe uma meta. É infatigável, persistente e concentrada. Não se distrai com detalhes, nem se deixa influenciar por comentários maldosos.

Cuidadosa na seleção de amigos, seu caráter desconfiado impede-a de ser tão sociável como a pessoa de Cavalo, que é capaz de fazer um novo amigo todos os dias. Mas aquele que conseguir entrar em seu círculo de amizades sentirá que é generosa, fiel, sincera e nobre com os amigos. É necessário também que sigam o seu ritmo e que participem de sua luta com a mesma coragem. Ser amigo de uma pessoa de Tigre supõe cumplicidade total: compartirá tudo o que tem e deixará que você compartilhe o que é seu. Não é melindrosa nem egoísta.

Muito carinhosa com as crianças, a pessoa de Tigre não só é sua protetora e educadora, mas também sua amiga. Brinca com os pequenos, dando-lhes conselhos sadios, ensinando-lhes bom comportamento. É exigente com seus próprios filhos, impondo disciplina e regras rigorosas. Seu amor maternal não implica consentimento e mimo algum. Por isso, seus filhos tornam-se independentes bem jovens e são muito educados.

É uma apaixonada no amor. Sua sedução parece um ímã poderoso que atrai a presa. Quando se apaixona, é capaz das mais louváveis façanhas sentimentais. Seu amor é terno, zeloso e desprendido. Tem um mundo afetivo rico em sensualidades e sutileza sentimental. É devoradora, prepotente, avassaladora e, ao mesmo tempo, carinhosa, delicada e refinada. Apaixonar-se por uma pessoa de Tigre supõe entrega total. Frieza e infidelidade despertarão nela ciúmes mortais.

A inveja não tem muita influência em seu coração. Mas sua instabilidade emocional, juntamente aos impulsos instintivos, fazem que cometa grandes grosserias. Quando perde o controle diante de repetidas provocações ou insultos, suas vinganças são terríveis e provocam consequências desastrosas. É necessário tratar a pessoa de Tigre com respeito e muito tato, porque, se esta responde com nobreza aos amigos, é vingativa com os que a enganam.

O TIGRE E OS CINCO ELEMENTOS

TIGRE DE METAL (nascidos em 1950 e 2010)
Uma pessoa resolvida. O elemento Metal reforça seu entusiasmo e suas energias. É ativa, lutadora, competente e egocêntrica. No trabalho, é excepcional por sua seriedade e capacidade. É persistente e teimosa. Uma vez concebido um propósito, não poupa forças para consegui-lo. Nunca recua por medo ou pressão. Tem extraordinários meios de convencimento, mas aceita mal os conselhos e é rancorosa com as críticas. Fica furiosa se alguém tenta desprestigiá-la. É independente, orgulhosa e eloquente; busca enfatizar seus méritos. Conhece muito o mundo e lhe encanta viajar e ter novas experiências.

TIGRE DE ÁGUA (nascidos em 1902 e 1962)
Uma pessoa clarividente. O elemento Água lhe dá lucidez e flexibilidade. Liberal e moderna, adapta-se muito bem às mudanças. Tem uma cabeça aberta, acolhendo com entusiasmo as ideias

e tendências renovadoras. Amante da originalidade, ansiosa por ter novas experiências, viaja pelo mundo e mantém contato com amigos interessantes, aprendendo novas habilidades para uma melhor realização profissional, enchendo rapidamente seu mundo de conhecimentos. É lúcida, perspicaz e previdente. Tem facilidade de fazer amigos, a quem sabe tratar com honestidade e inteligência. É flexível em questões técnicas, mas muito firme nos planos estratégicos. Seu mundo afetivo caracteriza-se pela sensibilidade, sutileza e sentimentos profundos.

TIGRE DE MADEIRA (nascidos em 1914 e 1974)
Uma pessoa democrática. Com a influência da Madeira, essa pessoa é aberta, colaboradora, flexível e democrática. Sua afabilidade, nobreza e despreocupação conferem-lhe grande carisma. Tem muitos amigos e admiradores. Contra a natureza felina, não é tirânica nem arbitrária. Gosta de bons conselhos e críticas construtivas. É regrada e cortês no trabalho. Fica aborrecida com manhas e astúcia. Odeia a ânsia por controlar as pessoas. Tem um bom coração e é compassiva. Não é brilhante na inteligência nem na criatividade: seus dotes intelectuais são bem apagados, carentes de lucidez previsora e envergadura filosófica, mas é uma excelente estrategista e organizadora. No amor, destacam-se sua fidelidade e ternura. É compreensiva e tolerante. Comporta-se emocionalmente com paixão e metodologia.

TIGRE DE FOGO (nascidos em 1926 e 1986)
Uma pessoa apaixonada. O Fogo enaltece suas energias positivas (o *Yang*), convertendo-a em uma viva expressão de paixão e entusiasmo. É brilhante, chamativa, ardente e eficaz. Nunca vacila em aceitar um desafio ou enfrentar perigos. Sua propensão à ação e seu extraordinário valor podem conduzi-la tanto à glória como ao fracasso, por ser imprudente, precipitada e vaidosa. Seduz como um ímã poderoso, ama com paixão e delírio, luta sem trégua e trabalha infatigavelmente. Vive tudo com intensidade. Seus sentimentos são extremados no amor, no ódio, na generosidade e no rancor, o que a leva a frequentes situações-limite. Sua vida parece um drama cheio de façanhas e desespero, de glória e tristeza. Mas nunca se resigna. Luta contra

seu próprio conformismo e pela expressão total e desenfreada de sua personalidade.

TIGRE DE TERRA (nascidos em 1938 e 1998)
Uma pessoa moderada. O elemento Terra confere-lhe grande sentido realista em sua personalidade. É paciente, responsável, madura, trabalhadora e honesta. A extravagância a aborrece e nunca se sente atraída pelas escolas vanguardistas. Tem grande apego à realidade e ao senso comum. Controla perfeitamente os impulsos instintivos e sabe moderar sua ansiedade, tomando sempre decisões sensatas e racionais. Concentrada no profissional, detesta sentimentalismos e se mantém apegada à ética tradicional. Sua moderação baseia-se em um profundo conhecimento da vida e em sua concepção realista do mundo. Não se deslumbra com facilidade, muito menos se deprime sem motivo, pois tem uma filosofia de vida cheia de lucidez dialética: "Quando as coisas chegam ao extremo, mudam de caráter"; portanto: "A desgraça ajuda quando se chega ao extremo da felicidade, e esta começa quando toca o fim daquela".

O TIGRE E SEUS ASCENDENTES

A hora e o lugar de nascimento influenciam em nossa personalidade. O denominado ascendente refere-se ao signo astrológico que nasce no leste no momento do nosso nascimento. Cada animal do Zodíaco chinês domina duas horas. Isto determina a influência de determinado signo no modo de agir e sentir de uma pessoa.

TIGRE COM ASCENDENTE EM RATO (das 23h à 1h)
A presença do Rato em seu signo cria uma pessoa simpática, perspicaz e curiosa. Conserva sua independência e otimismo, mas é mais prudente nos gastos e poupa tudo o que pode. É uma pessoa sensual, possessiva e muita ativa na vida sexual.

TIGRE COM ASCENDENTE EM BOI (da 1h às 3h)
O Boi contribui a essa personalidade com qualidades muito importantes para corrigir seus defeitos e reforçar suas qualidades.

É muito firme, precavida, persistente, racional e realista, e menos impulsiva, temperamental e imprevisível.

TIGRE COM ASCENDENTE EM TIGRE (das 3h às 5h)
Um Tigre por excelência. Todas as qualidades e vícios do signo amplificam-se e se intensificam. É intrépida, impulsiva, rebelde, otimista, sincera, benevolente, imprevisível, apaixonada, sentimental, moderna, exigente, capaz de oprimir a um inimigo ou entregar generosamente sua vida para a pessoa amada.

TIGRE COM ASCENDENTE EM COELHO (das 5h às 7h)
A diplomacia e a inteligência aguda do Coelho encaixam perfeitamente na personalidade dessa pessoa, melhorando seus dotes intelectuais e refinando suas maneiras. Será pacífica, perspicaz, lúcida, nobre, brilhante, poderosa, carismática. Seu valor e força dão as mãos para a astúcia e serenidade do Coelho.

TIGRE COM ASCENDENTE EM DRAGÃO (das 7h às 9h)
A ambição idealista do Dragão estimula sua força e rebeldia. Será uma lutadora temerária, impetuosa e irresistível. Sua nobreza afasta-a de pretensões materialistas, e sua força converte-a em uma guerreira soberba, capaz de realizar façanhas descomunais.

TIGRE COM ASCENDENTE EM SERPENTE (das 9h às 11h)
A influência da Serpente determina que passe por transformações essenciais em sua personalidade: será reservada, calculista, fria e muito perigosa. Seu encanto sedutor e sua magia magnética deixam inerte qualquer resistência. Para isso também contribui sua impressionante força, que deixaria perplexo qualquer oponente.

TIGRE COM ASCENDENTE EM CAVALO (das 11h às 13h)
A contribuição do Cavalo a essa personalidade incrementa sua instabilidade e seu gosto por riscos. Buscará maior espaço e liberdade, além de uma excitação desenfreada no mais inverossí-

mil: luxo, paixão, aventuras, proezas louváveis ou brutalidades condenáveis. É a imagem da ação e da sensualidade.

TIGRE COM ASCENDENTE EM CABRA (das 13h às 15h)
Terá fortes inclinações artísticas e um gosto cultural refinado. É elegante, graciosa, perspicaz, possessiva, sentimental, amante do conforto e da ternura. A Cabra reduz-lhe a agressividade e lhe inspira o bom gosto.

TIGRE COM ASCENDENTE EM MACACO (das 15h às 17h)
É uma combinação do gênio, inteligência e talento, características do Macaco, com a força, o entusiasmo e a generosidade, próprios do felino. É encantadora, poderosa, graciosa, otimista e, sobretudo, precavida, lúcida e flexível.

TIGRE COM ASCENDENTE EM GALO (das 17h às 19h)
O melindre do Galo junta-se à rebeldia felina. Será uma pessoa que se mantém intransigente, em brigas constantes, tanto por questões de princípio como por detalhes insignificantes. Sua vida é uma luta interminável, na qual põe excessiva força e muito pouca imaginação.

TIGRE COM ASCENDENTE EM CÃO (das 19h às 21h)
Essa nativa adquire a lucidez e racionalidade do Cão. É extremamente benévola por sua fidelidade e seu desinteresse. Despreza a astúcia e a mediocridade na vida e se comporta com nobreza. Seu valor elevado baseia-se na certeza de sua sensatez. Tem uma flexibilidade folgada, mas não dará nem um passo atrás em questões de princípio.

TIGRE COM ASCENDENTE EM PORCO (das 21h às 23h)
As virtudes do Porco complementam-se admiravelmente com a personalidade dessa pessoa. É mais gentil, realista, humana e complacente que outras pessoas de Tigre. Tem apego à família e ao conforto do lar. É bem-humorada, terna, benevolente, sensual e apaixonada. Uma pessoa que desfruta dos prazeres mundanos.

COMO A PESSOA DE TIGRE
PASSA OS OUTROS ANOS DO ZODÍACO CHINÊS?

ANO DO RATO
Não é um ano feliz para a pessoa de Tigre. Encontrará dificuldades em seus negócios ou no trabalho. Sofrerá algumas perdas financeiras por não poder cobrar todo o dinheiro que era seu. Se for prudente, poderá evitar maiores problemas. Também lhe convém controlar o temperamento difícil e manter o sangue frio.

ANO DO BOI
É um ano em que se mesclam fatores positivos e negativos. A teimosia e o conservadorismo gerarão atritos e mal-entendidos ao seu redor. Terá frustrações e asfixia diante de numerosos obstáculos. Será preciso recuperar seu otimismo habitual, aguentar até o final do ano e então verá a situação melhorar substancialmente.

ANO DO TIGRE
Um excelente ano em que contará com a ajuda dos amigos em momentos de necessidade. Não deve arriscar-se muito, porque as circunstâncias podem se tornar adversas. Não terá sérios problemas de saúde, muito menos mudanças desagradáveis no trabalho. Serão inevitáveis alguns gastos imprevistos.

ANO DO COELHO
Um ano cor-de-rosa. Terá gratas surpresas na vida afetiva e profissional. Muito amor no lar e grande apreço no trabalho. Não faltarão, naturalmente, obstáculos, mas terá plena confiança em sua eficácia diplomática e em sua força de vontade. A vida será sossegada, e a perspectiva, promissora.

ANO DO DRAGÃO
Será um ano imprevisível para os investimentos e para a amizade. Possivelmente perderá muito dinheiro ou sofrerá uma dolorosa separação dos amigos ou da pessoa amada. Receberá duras críticas por sua conduta insensata e pela arrogância de suas palavras. Apesar de sua fácil adaptação às mudanças, irá lhe custar enfrentar a situação porque é totalmente adversa.

ANO DA SERPENTE
Será um ano tranquilo, sem altos nem baixos financeiros muito pronunciados. Irá se sentir mais sereno e lúcido. Pare de se envolver em conflitos alheios, assim desfrutará de um ano estável e proveitoso no trabalho. Em sua vida afetiva sofrerá alguma pequena frustração por causa de reações negativas de alguma pessoa querida.

ANO DO CAVALO
Terá um ano esplendoroso. Irá passá-lo maravilhosamente tanto no profissional e financeiro como no emocional. Terá boa sorte no que faz e contará com o reconhecimento da sociedade. Terá oportunidades extraordinárias e comemorará seus êxitos em celebrações e festas. Provavelmente terá de fazer alguma longa viagem a lugares que nunca foi.

ANO DA CABRA
Será um ano bem mais relaxado, já que poderá diminuir consideravelmente a tensão no trabalho e na família. Vai se deparar com alguns problemas embaraçosos que lhe tomarão muito tempo. Contudo, com um pouco de paciência, poderá resolvê-los com fluidez. Perderá algum objeto de valor ou sofrerá algum roubo, que lhe causará, mais que uma perda financeira custosa, um desgosto por se sentir impotente.

ANO DO MACACO
Terá de reunir todos os ânimos para enfrentar um ano difícil. Sua paciência e capacidade de trabalho serão objetos de maior desafio. É importante não perder o otimismo nem o mínimo de humor para enfrentar discussões, inimizade e insultos. Só a sensatez e a prudência poderão evitar maiores complicações. Mais vale uma adequada concessão que o orgulho cego para sair de uma situação desastrosa.

ANO DO GALO
Será um ano regular, sem desgraças nem sucessos relevantes. Ainda que siga a tônica da adversidade, o bom é que nos piores momentos contará com a solidariedade dos amigos. Encontrará

sossego na rotina do trabalho. Sua vida afetiva precisará ser reanimada com um pouco mais de imaginação.

ANO DO CÃO
Um ano caracterizado pela ausência de riscos. No trabalho, vai se sentir cansado da rotina. Mas conseguirá um substancial avanço em seus projetos graças ao seu empenho e, em parte, ao apoio que lhe terá dado um amigo influente. Desfrutará de boa saúde e estabilidade na vida familiar.

ANO DO PORCO
Esse ano começará com uma grande prosperidade. Tudo parece ser cor-de-rosa e a sorte lhe sorri. Nessas circunstâncias, convém manter o equilíbrio emocional, sem cometer nenhum excesso. Também é necessário um controle mais eficaz do orçamento para evitar um déficit. Possivelmente terá de confiar menos nos novos amigos e ter muita precaução nos investimentos.

A PESSOA DE TIGRE NO AMOR

TIGRE E RATO
Um casal que não combina. A mulher de Rato queixa-se do despotismo e arbitrariedade do homem de Tigre, que só demonstra afeto e ternura quando se excita sexualmente. Este detesta o materialismo e a ambição por posse daquela. É machista e egoísta, nega-se a ajudar a mulher nos afazeres domésticos, que considera escravizantes. Ela sente-se desolada em seu mundo interior porque não encontra nele um verdadeiro amor, mas só uma ocasional e brutal possessão.

TIGRE E BOI
Um casal de valores confrontados. Ao contrário da pessoa de Tigre, que é idealista, rebelde e liberal, a pessoa de Boi é realista, disciplinada e conservadora. Esse contraste quanto à concepção de mundo cria um forte desequilíbrio de valores e um distanciamento emocional em sua convivência. Desgraçadamente, o grande senso de independência que os caracteriza priva-lhes de toda possibilidade de mútuo entendimento e tolerância. Vivem em dois mundos filosóficos totalmente confrontados.

TIGRE E TIGRE
Um casal rebelde. Tem encantos avassaladores e um feitiço fascinante. Ambos são elegantes, modernos e otimistas. Conhecem-se e se entendem perfeitamente. Mas são orgulhosos, independentes e, sobretudo, rebeldes. Lutam pelo predomínio na família e nenhum dos dois resigna-se à obediência. Viverão em grande tensão que, se não fosse pelo bom senso de humor do casal, poderia provocar a separação. As finanças familiares ficam em balanços desastrosos, com um déficit alarmante, pois não sabem poupar nem querem levar uma vida mais regrada.

TIGRE E COELHO
Um casal que não sabe tolerar seus defeitos. A mulher de Coelho entra no mundo afetivo do homem de Tigre atraída pelo feitiço de sua honestidade e valor, mas descobrirá que é muito impulsivo e temperamental. Ele adora os costumes refinados e os grandes dotes intelectuais dela, mas não tolera sua melancolia e seu caráter solitário. Gastarão muito tempo buscando a solução desses problemas, os quais dificultam seu equilíbrio emocional. Ficam obcecados com os defeitos do casal e se esquecem de sua própria responsabilidade. No dia em que as coisas forem esclarecidas, vão dar-se conta de seu equívoco e preconceito.

TIGRE E DRAGÃO
Um casal poderoso. Ambos são enérgicos, vigorosos, rebeldes e intrépidos, qualidades que lhes permitem empreender ações audaciosas e executar projetos ambiciosos. São atrevidos e invencíveis por conta de sua ousadia, mas podem cair em algumas armadilhas por falta de sagacidade e astúcia. Além disso, a luta interna por poder absorve grande parte de seu tempo. A mulher de Dragão é orgulhosa, independente e não se submete a nenhum tipo de domínio. Concentrados nas grandes causas ou na luta interna, descuidarão de sua vida afetiva. Os encontros parecem rotineiros e pouco imaginativos. É necessário que enriqueçam sua convivência com mais ternura e complacência mútuas.

TIGRE E SERPENTE
Um casal incompatível. A sabedoria da pessoa de Serpente não se une à audácia da pessoa de Tigre, como deveria ser. Esta detes-

ta a inveja, frieza e possessividade daquela; enquanto a pessoa de Serpente não aguenta os impulsos instintivos, a brutalidade e a presunção da pessoa de Tigre. Depois do encanto e da paixão inicial, ambos descobrem a precariedade dos laços afetivos que os unem. São tão diferentes um do outro em seu modo de ser e na visão de mundo que lhes é impossível uma convivência sólida. Irão se sentir mortificados pela inveja, pelos ciúmes e pela insatisfação.

TIGRE E CAVALO
Um casal fabuloso. A união entre dois seres comunicativos e vigorosos lhes brindará com a linguagem em comum e a compatibilidade de gênios. Propensos à ação e à sociabilidade, desfrutam da audácia e das aventuras. Admiram-se, entendem-se e se protegem com uma total harmonia. Mantêm uma vida afetiva forte, rica em sutilezas emocionais. O humor, a ternura e a jovialidade matrimonial são bons ingredientes para sua convivência.

TIGRE E CABRA
Um casal que precisa de uma melhor adaptação. A pessoa de Cabra quer constantemente mimos, proteção e aprovação. Irá se sentir desiludida e triste se não conseguir essas coisas totalmente. A pessoa de Tigre está absorvida pelos compromissos sociais e pelo trabalho e descuida da delicadeza dos sentimentos da pessoa de Cabra. Por outro lado, também se sente insatisfeita pela falta de apoio moral da parte dela. As relações afetivas poderiam ser altamente gratificantes se esses problemas não tivessem pesado sobre elas. Com uma melhor compreensão e adaptação de ambos os lados, poderão se sentir mais realizadas no amor.

TIGRE E MACACO
Um casal divertido. Ao seu arraigado otimismo em comum soma-se a jovialidade e graça da pessoa de Macaco. A força da pessoa de Tigre combina com a astúcia e o talento da pessoa de Macaco. Juntos são competentes, inteligentes e fortes, apesar de perderem muito tempo em brigas no âmbito familiar. A pessoa de Tigre quer impor a sua força, enquanto a pessoa de Macaco não se deixa amedrontar porque possui o escudo da inteligência. É certa que mais vale a astúcia que a força. No en-

tanto, dialogam e discutem sem se entediar. Gostam dos jogos eróticos, atraem-se sexualmente e experimentam intensos prazeres em seus contatos físicos.

TIGRE E GALO
Um casal irritado. São muito diferentes em seu modo de ser: a pessoa de Galo é melindrosa, exigente e rabugenta, enquanto a de Tigre é possessiva, orgulhosa e independente. Passarão a vida discutindo e se difamando em uma interminável briga. A pessoa de Tigre não suporta o materialismo e a perseguição psicológica da pessoa de Galo, que fica doente em ver as ações insensatas e rebeldes da pessoa de Tigre. Os atrativos da elegância física que incentivavam suas emoções durante um tempo são inúteis agora em sua vida afetiva. Suas relações serão afetadas pela constante inimizade e indiferença. É uma união indesejável que convém ser evitada.

TIGRE E CÃO
Um casal apaixonado. Ambos são atraentes, nobres e generosos. Os impulsos instintivos da pessoa de Tigre são controlados pela lucidez da pessoa de Cão, enquanto que o poder e audácia daquela dão a mão à inteligência e à fidelidade desta. Respeitam a independência um do outro, admiram-se e se amam intensamente. Sabem perfeitamente que as virtudes de se encontrar a "tampa para sua panela" servem para remediar as próprias deficiências. A harmonia matrimonial fortalece-os infinitamente. É uma união festejável porque lhes permitirá uma vida organizada, proveitosa e cheia de amor.

TIGRE E PORCO
Um casal feliz. Ambos podem sacrificar-se pelo amor. A pessoa de Porco admira a generosidade, a vitalidade e o idealismo da pessoa de Tigre, que adora o desprendimento, a ternura e o realismo daquela. São eternos apaixonados, absorvidos pela sensualidade e por prazeres sexuais.

Há uma plena confiança e um respeito pela liberdade e independência respectivas. A união entre esses signos é muito boa, pois se sentirão felizes e satisfeitos. Trabalharão com entusiasmo para seu futuro. Passarão toda a vida unidos e apaixonados.

COELHO

CARACTERÍSTICAS FUNDAMENTAIS

Pronúncia em chinês	Tu
Nº de ordem no Zodíaco chinês	Quarto
Horas que rege	5 – 7
Direção do seu signo	Diretamente ao Leste
Estação e mês que domina	Primavera – março
Elemento fixo	Madeira
Tronco	Yin (negativo)

TABELA DE CORRESPONDÊNCIAS COM O CALENDÁRIO CRISTÃO

Desde	Até	Elemento	Aspecto
29.1.1903	15.2.1904	Água	Yin
14.2.1915	2.2.1916	Madeira	Yin
2.2.1927	22.1.1928	Fogo	Yin
19.2.1939	7.2.1940	Terra	Yin
6.2.1951	26.1.1952	Metal	Yin
25.1.1963	12.2.1964	Água	Yin
11.2.1975	30.1.1976	Madeira	Yin
29.1.1987	16.2.1988	Fogo	Yin
16.2.1999	4.2.2000	Terra	Yin
3.2.2011	22.1.2012	Metal	Yin

O COELHO

Este é um signo benigno, pois na China o Coelho é o símbolo da paz, bondade e felicidade. É associado ao refinamento, à sensatez e à moderação.

Tradicionalmente, acredita-se que o coelho é a alma da Lua, já que habita esse romântico astro com a Deusa da Beleza. Segundo a crença popular chinesa, se fixarmos o olhar na Lua, é possível contemplar ali a figura de um coelho debaixo de uma árvore de louro preparando remédios com umas ervas. Isto é a inspiração para que, na véspera da Festa da Lua (no dia 15 de agosto do calendário lunar), sejam vendidas figuras de coelho feitas de barro cozido, denominadas "Avô Coelho", que são colocadas tradicionalmente nas casas, nessas datas, para representar a Lua.

O culto à Lua manifesta-se também por meio de uns deliciosos pasteizinhos redondos, *Yue Bing* (Pastel de Lua), que são servidos na festa para o auxílio ao "Avô Coelho".

Antigamente havia a tradição de se pendurar cabeças de coelho feitas com farinha de trigo na entrada da casa como mascote, para trazer boa sorte. Esse costume transformou-se, em algumas regiões centrais, na prática atual de se presentear coelhos brancos para se desejar felicidade e prosperidade.

Por superstição, o coelho não é sempre uma boa alegoria, e pode representar também coisas desagradáveis. Por isso, proíbe-se às mulheres grávidas que comam carne de coelho para evitar que seus filhos nasçam com "lábios de coelho".

Uma vez que esse signo inclui também a lebre, surgiram na literatura clássica chinesa muitas histórias que fazem alusão a esse signo, dando vida a uns ditos muito conhecidos como: "Vigiar a árvore na espera de que se mate outra lebre contra o tronco", "O coelho astuto tem três refúgios", ou "Acabadas as lebres, sacrificam-se os cães caçadores". Este último baseia-se em uma história verídica ocorrida há dois mil anos:

Han Xin foi um famoso general que realizou extraordinárias façanhas ajudando o primeiro imperador da dinastia Han a estabelecer seu Império. Mas, uma vez consolidada a Monarquia, foi sacrificado mediante calúnias, pois era considerado inútil em tempos de paz. Antes da morte, desenganou-se dizendo: "Exterminados os pássaros, guardam-se os arcos. Destruídos os inimigos, sacrificam-se os heróis".

De qualquer maneira, o coelho segue sendo um bom augúrio e símbolo de paz e harmonia.

O ANO DO COELHO

Após a violência do ano do Tigre, vem agora a paz. O ano do Coelho oferece-nos um respiro e uma oportunidade de sair da turbulência. É um ano bom e reconciliador.

Reinam a elegância e o bom gosto. Florescem o comércio e a indústria. Por todas as partes realiza-se a grande escala da reconstrução. A guerra cede lugar à diplomacia, a violência é substituída pela paz, a moderação e a discrição são revalorizadas. Tanto na política como nas relações pessoais se dá importância ao respeito e à tolerância.

O Coelho nos traz um ano agradável, impregnado de gratas surpresas. Nesse ambiente de estabilidade e equilíbrio, ocupamos-nos de celebrações como jantares, primeiras comunhões, casamentos, aniversários etc. A vida nos dá uma sensação de bem-estar. O lar, o trabalho, a paz e a pessoa amada nos proporcionam grandes satisfações nesse ano.

Mas, no ano do Coelho, deveríamos evitar o excesso de ânsia por conforto e lucro. A paz que esperávamos com ansiedade também pode reduzir nossa eficiência e entorpecer nosso sentido de responsabilidade. É necessário combater a preguiça e a desmesura. Aqueles que só procuram seu bem-estar material poderão sair prejudicados devido a sua indiscrição.

A PERSONALIDADE DA PESSOA DE COELHO

Dentro dos animais do Zodíaco chinês, o Coelho é o signo mais afortunado.

Segundo a tradição chinesa, o Coelho vive nos tranquilos palácios da Lua. Esse astro era para os chineses da Antiguidade um mundo misterioso, belo, símbolo da serenidade e motivo de poesia. É o testemunho dos apaixonados e a face da saudade dos amantes separados. Na China acredita-se que, em uma noite serena, quem levanta a cabeça e contempla a Lua com imaginação poderá encontrar nas leves manchas do astro um coelho de jade, apoiado numa árvore de louro, cercado por uma rocha. Tem na mão uma erva da longevidade. Acompanha-o um sapo, que é a representação da sabedoria. Nesse país existe a milenária tradição de celebrar a "Festa da Lua" em outono, em plena colheita dos frutos do campo. Esse costume converteu o Coelho em um símbolo da bondade, da sabedoria e da harmonia.

Os que nascem no ano do Coelho reúnem extraordinárias qualidades humanas: são prudentes, inteligentes, afáveis, discretos, precavidos, atentos e bondosos. Por isso o signo de Coelho é afortunado e amplamente aceito pelas pessoas.

De caráter moderado e indulgente, amante da paz e da harmonia, a pessoa de Coelho odeia a guerra e a violência. Esforça-se para se dar bem com os demais e quase sempre o consegue por suas virtudes humanas. Sua grande cautela e sua desenvoltura diante de situações delicadas convertem-na em uma excelente diplomata e mediadora.

É perspicaz na observação das circunstâncias, compreende imediatamente a intenção dos demais; contudo, sua reação é sempre adequada, prudente e diplomática. É tolerante e concessiva diante da agressividade alheia. Mas suas reações são enérgicas e vingativas quando se sente ofendida. "O coelho também morde quando está nervoso", diz um refrão chinês.

Sua grande inteligência manifesta-se por meio de sua prudência. É discreta, comedida e até um pouco tímida. Procura não incomodar ninguém nem causar incômodo com sua presença. Em algumas ocasiões, sua reticência parece exagerada, por isso se lhe pede mais confiança e menos protocolo. Inclusive há os que acreditam que são hipócritas e antinaturais. Essas críticas não adiantarão muito para modificar sua personalidade, porque leva a prudência no sangue como um signo congênito.

Não é impulsiva nem temperamental. Medita sempre antes de dizer algo ou atuar de alguma maneira. É muito confuciana nesse sentido: "Pense três vezes antes de fazer qualquer coisa". Por isso, sua intervenção é sempre premeditada e adequada. Sabe controlar as emoções. Sua voz é calma e bem modulada. Seus raciocínios são dialéticos. Contudo, devido ao seu excessivo desejo por equilíbrio e soluções totalizantes, chega a ter às vezes verdadeiras dores de cabeça, sobretudo quando enfrenta problemas de muita complexidade cuja solução influenciará no futuro de sua vida profissional e familiar.

É uma artista inata e tem grande senso estético. Seu amor pelas artes e literatura não só lhe permite desfrutar intensamente as diferentes manifestações culturais, mas também lhe confere um suspeito critério sobre estética. Mais de uma vez tentou escrever poemas ou tocar algum instrumento. Igualmente provou outras artes para materializar e exteriorizar seu mundo interior.

Adora a comodidade e o conforto e se permite pequenos luxos. Encanta-lhe festas, mesas bem servidas e bons presentes. Tem uma queda pela fragrância do café, do vinho e do sexo oposto. Não tolera desordem, sujeira e desleixo. Esteja onde estiver, sempre procura ter um ninho tranquilo e agradável. Não sacrifica a comodidade para ganhar mais dinheiro ou alcançar um objetivo. Para ela, um mínimo de conforto é essencial para a vida. Não almeja grandes luxos nem opulência; é bem mais inclinada para uma vida simples e organizada. Desfruta igualmente de uma camisa limpa como de um convite de nadadeiras de tubarão e de ninhos de andorinha.

É muito hospitaleira com os amigos. Sua atenção é detalhada, afável e generosa, motivo pelo qual é objeto de frequentes elogios. Quando convida alguém, sempre oferece o melhor e o oferece abundantemente. Sempre encontra palavras para agradar os amigos. Com os clientes é prestativa, abnegada e atenta ao extremo. Se não impressiona à primeira vista, a convivência e os contatos assíduos permitem-lhe ganhar a confiança e a simpatia daqueles com quem se relaciona, conquistando os seus corações em muitas ocasiões. Seu temperamento é vulnerável nesse sentido, porque espera sempre receber o mesmo trato das amizades e dos colegas de trabalho. Decepciona-se enormemente se não encontra uma resposta similar, inclusive fica rancorosa quando seu elevado senso de amor-próprio é ferido pela frieza e indiferença alheia. Se lhe tratam com generosidade e gentileza, é capaz de corresponder com uma atenção dez vezes mais amável.

Aparentemente guarda uma distância respeitosa com as pessoas, inclusive parece indiferente muitas vezes. Mas é confidencial com os bons amigos, a quem abre seu coração de uma ponta a outra. Aborrece-se com as relações superficiais de protocolo. A profundidade de seu pensamento estimula-lhe a levar as conversas para temas sociais, culturais e inclusive filosóficos. É construtiva em seus critérios sobre as relações humanas. Odeia fofocas, frivolidade e coquetismo. Adora a seriedade, a integridade e a eficiência. Trata de ser culta e educada com as pessoas, sem cair no pedantismo.

O caráter moderado e condescendente de sua personalidade chega às vezes a projetar equivocadamente sua imagem como uma pessoa vacilante e incongruente. É, no entanto, muito firme em seus propósitos. Não fixa metas inalcançáveis. É profundamente realista nesse sentido. Mas, uma vez estabelecido um objetivo, não poupa esforços para alcançá-lo. É organizada, metódica, trabalhadora e inteligente. Pode ser que lhe falhe algum fator externo, mas não faltará vontade, energia nem inteligência. Essas qualidades a fazem uma negociante extraordinariamente competente, que sabe expor seus argumentos com diplomacia, sempre educada e prudente, para convencer a outra parte. Abstém-se de atacar frontalmente o rival para evitar conflitos e violência, porque sabe perfeitamente que mais vale a astúcia que a força.

É terna com os filhos, com quem não vacila ao lhes dar a melhor educação. Paciente, compreensiva e liberal, quer que os filhos sejam independentes, capazes e trabalhadores. Aparentemente não aplica um controle rigoroso, mas, no fundo, parte de um critério filosófico da antiga estratégia militar chinesa: "Se quer ganhar, primeiro tem de ceder". O pai de Coelho assume uma alta responsabilidade com os filhos, tratando de que cresçam de maneira vigorosa e se tornem profissionais qualificados. A mãe de Coelho cuida mais dos detalhes cotidianos. Suas críticas contra os defeitos dos filhos são frequentes e pesadas. Mas são brandas quando os filhos se comportam mal.

Ama profundamente o cônjuge, a quem procura dar o melhor. É uma companheira ideal nos bons e maus momentos. Não é efusiva em seus sentimentos amorosos. Seu afeto é sutil, discreto e quase imperceptível, mas não por isso deixa de ser constante no amor. Tem um elevado senso de responsabilidade com a família, da qual possui um conceito tradicional.

Inimiga dos excessos, demonstra um grande nível de autocontrole. Mantém-se longe do alcoolismo, das drogas, do jogo, da promiscuidade, da orgia, do esbanjamento, da ostentação materialista e do pedantismo estúpido. Seu mundo interior é regido por um forte conceito de racionalidade, que é o pilar fundamental de sua vida. Trata de ser racional em todos os aspectos. Adora a harmonia e o equilíbrio. Gosta de música clássica, da pintura do século XIX, do cinema em preto e branco e das fotografias históricas. Sua vulnerabilidade é a gula. Perde o controle racional diante de um bom vinho, um excelente prato ou deliciosas sobremesas.

O COELHO E OS CINCO ELEMENTOS

COELHO DE METAL (nascidos em 1951 e 2011)
O Metal lhe dá um corpo sadio e uma vontade ferrenha. Enérgica e vigorosa, a grande força física e moral lhe permite desempenhar tarefas de grande envergadura, as quais sempre conduz a um bom término.

É perspicaz e perseverante, muito firme em seus propósitos e consequente no esforço para concretizá-los. Sua aparência amena oculta, muitas vezes, uma ambição transcendental.

Sua grande capacidade de trabalho e seu notável talento permitem-lhe cultivar um fino gosto artístico e um amplo horizonte de conhecimentos. É uma extraordinária crítica de arte e literatura, de critérios plausíveis e, sobretudo, originais. É observadora de novos fenômenos sociais, dos quais pode formular opiniões muito interessantes. Suas coleções são elegantes e de muito bom gosto.

Trabalha sem parar quando se sente motivada. Mas às vezes se deprime e adota uma filosofia pessimista. Tem um mundo interior muito reservado, que quase ninguém pode ter acesso. As portas de seu coração não se abrem nunca inteiramente, nem sequer à pessoa mais querida de sua vida.

É vital, ama e quer se sentir amada fortemente. Ciumenta, exigente, possessiva, necessita que correspondam amplamente ao seu afeto.

O Metal prevê-lhe uma entrada considerável de dinheiro, que lhe chega, sobretudo, a partir dos 35 anos de idade. Tem muito pouca sorte nos jogos de azar, então o ganhará pelo trabalho. Sua alta qualificação e sua astúcia são a chave de seu êxito profissional.

COELHO DE ÁGUA (nascidos em 1903 e 1963)

Sua grande inteligência e memória infalível possibilitam-lhe realizar complicadas tarefas de pesquisa. Dotada de um profundo senso de observação, percebe habilmente novas tendências, fenômenos e segundas intenções. Demonstra critérios surpreendentes e originais.

É hipersensível e muito instável. Tem um temperamento bastante delicado: o impacto de uma briga, um desgosto ou uma dificuldade podem causar-lhe uma forte depressão. Frequentemente fica triste, melancólica e frustrada. Sente uma tremenda solidão e desolação. Calada, submergida na recordação de sucessos distantes e quiméricos, demora em se reanimar e recuperar a sua habitual clarividência.

É arbitrária e subjetiva. Deixa-se levar pelos sentimentos e temperamento. Rancorosa, propensa à inveja, egoísta e egocêntrica, seu círculo de amigos é muito pequeno e vai se reduzindo por causa de sua incompatibilidade e seu temperamento delicado.

É tolerante quando a existência de um elemento alheio não lhe atrapalha a possibilidade de se desenvolver. No entanto, é extraordinariamente tenaz e persistente em combater seus rivais ou os obstáculos.

Planeja muitos projetos para o futuro. Mas, à medida que mudam as circunstâncias, vai deixando-os para trás sem tê-los concretizado. Não se desanima por tê-los deixado inacabados, sempre encontra uma justificativa tanto para abandoná-los como para executá-los.

COELHO DE MADEIRA (nascidos em 1915 e 1975)
A influência desse elemento determina que essa nativa seja generosa com os amigos. Está sempre disposta a ajudar-lhes, inclusive quando isso supõe enfrentar algumas instituições. Sabe tolerar e perdoar os erros dos companheiros. Dá-se muito bem com as pessoas, sendo muito considerada pelos colegas.

Possui um forte instinto de proteção. Sua companhia proporciona uma sensação de segurança. Não ataca nem ofende ninguém, mas costuma dar a cara por uma causa justa ou sair em defesa de um humilhado.

Há a possibilidade de encontrar um bom trabalho, no qual não tardará em ser promovida por sua integridade e abnegação. Todo seu sucesso conseguirá por meio de grandes esforços. Tem a qualidade de ser perseverante.

Devido à sua lentidão nas reações e a facilidade de assumir um compromisso, não lhe convém tomar partido da primeira. É muito importante adquirir um maior sentido analítico para enfrentar situações difíceis. Necessita, por outro lado, de mais versatilidade em seu comportamento habitual, para se adaptar melhor às mudanças vertiginosas do mundo exterior.

COELHO DE FOGO (nascidos em 1927 e 1987)
É extrovertida, espontânea e vital. Sabe esconder seus impulsos e desejos por trás de sua diplomacia e serenidade premeditadas. Raciocina com rapidez, é expressiva e precisa em manifestar suas intenções.

Tem grande capacidade de trabalho. É eficiente, dinâmica, perspicaz e flexível. Está dotada para ocupar postos diretivos, por causa de sua audácia e ambição, que combinam perfeitamente com sua prudência e seu poder de convicção. Sabe lidar com seus subordinados, evitando sempre conflitos frontais com eles. Igualmente, sabe esquivar-se magistralmente dos ataques dos adversários e competidores.

É apaixonada no amor, o qual vive intensamente. Apaixona-se com loucura e quer que lhe correspondam também com paixão.

Qualquer mudança nas circunstâncias repercute sensivelmente em seu mundo interior. É vigorosa para o trabalho, irritável diante de negligências, temperamental com os amigos, impaciente ao vislumbrar o triunfo e suscetível a frustrações quando a sorte a trai.

É necessário um controle eficiente de si mesma para evitar e expansão desmedida de sua ambição pessoal, que costuma cegá-la.

COELHO DE TERRA (nascidos em 1939 e 1999)
O elemento Terra confere aos nascidos nesses anos um grande realismo em sua visão de mundo. São pessoas sérias, honradas e responsáveis no trabalho, por isso são apreciadas pelos chefes e companheiros.

Carentes de qualquer imaginação poética e inimigas de abstrações filosóficas, pisam em terra firme e têm uma mentalidade racionalista e conservadora. São respeitosas com os costumes, hábitos, tradições e convencionalismos. Sua pouca criatividade é compensada pelo seu indiscutível esforço contínuo.

São pragmáticas, poupadoras, possessivas e avarentas. Não desperdiçam seu dinheiro em luxos ou ostentações. Guardam-no no banco para que renda juros. Não lhes falta conforto na vida, devido a tantos anos de trabalho e economia. Mas sabem perfeitamente que, se não controlarem as finanças, a montanha de ouro pode se perder da noite para o dia.

De personalidade bem mais opaca, mas muito firme em seus propósitos, não fazem concessões sentimentais até que encontrem a pessoa que realmente as cative. Refletem muito antes de tomar uma decisão.

O COELHO E SEUS ASCENDENTES

A hora e o lugar de nascimento influenciam em nossa personalidade. O denominado ascendente refere-se ao signo astrológico que nasce no leste no momento do nosso nascimento. Cada animal do Zodíaco chinês domina duas horas. Isto determina a influência de determinado signo no modo de agir e sentir de uma pessoa.

COELHO COM ASCENDENTE EM RATO (das 23h à 1h)
A pessoa de Coelho nascida nesse espaço de tempo dominado pelo signo de Rato adquire certas características desse pequeno e ágil roedor. É mais astuta, terna e perspicaz que os outros do signo de Coelho. Seu caráter alegre e ágil ajuda-lhe a vencer a timidez alheia e fazer mais amigos.

COELHO COM ASCENDENTE EM BOI (da 1h às 3h)
O signo de Boi confere aos nascidos nessas horas qualidades como a tenacidade, a abnegação e a força. São lúcidos, sinceros e conservadores. Os mais lentos são assim pela firmeza de sua vontade e o grande poder de sua força.

COELHO COM ASCENDENTE EM TIGRE (das 3h às 5h)
É de caráter contraditório: por um lado, encarna certas características da fera: ser impulsivo, temperamental e autoritário; por outro, conserva também as peculiaridades de sua própria espécie por ser pacífico, perspicaz e submisso. O predomínio de uma personalidade é determinado por circunstâncias externas do momento.

COELHO COM ASCENDENTE EM COELHO (das 5h às 7h)
Reúne todas as qualidades do signo de Coelho: é inteligente, perspicaz, culto, racional, poupador, pacífico, agradável, compassivo, atencioso, prestativo, flexível e refinado. Coelho por excelência.

COELHO COM ASCENDENTE EM DRAGÃO (das 7h às 9h)
O grande poder e a autoridade do signo de Dragão dão a essa pessoa uma personalidade caracterizada por uma força irresistível e tenacidade na concretização de seus projetos. Em vez de ser coibida e cautelosa, é uma guerreira audaciosa. Sabe combinar magistralmente sua perspicácia com sua força de vontade.

COELHO COM ASCENDENTE EM SERPENTE (das 9h às 11h)
A sabedoria da Serpente duplica-lhe a inteligência, mas ao mesmo tempo lhe dá certo ar de melancolia e serenidade. É muito dado a reflexões filosóficas. Muito autoconfiante, aceita mal os conselhos. Extremamente cauteloso em sua conduta, pensa muito antes de tomar qualquer decisão. Tem gostos exóticos e refinados.

COELHO COM ASCENDENTE EM CAVALO (das 11h às 13h)
É muito alegre e otimista. Altivo, elegante, liberal e encantador, não gosta de levar uma vida medíocre e tem ideais de glória e honra. Falta-lhe consistência em seus planos e realismo em sua visão de mundo.

COELHO COM ASCENDENTE EM CABRA (das 13h às 15h)
É simpático, alegre, compassivo e generoso. Tem os gostos de um artista. Elegante, cuida muito da aparência. Com sorte na vida material, tem inúmeras oportunidades de lucro. Não é muito sociável, mas é refinado em gostos culturais e artísticos.

COELHO COM ASCENDENTE EM MACACO (das 15h às 17h)
A graça e a jovialidade do signo de Macaco alegram seu caráter tranquilo, transformando-o em uma estrela da tragicomédia cotidiana. Sua extraordinária habilidade mental e o rápido reflexo lhe proporcionam muitas oportunidades que nem sempre sabe aproveitar. É muito inteligente e culto, mas um pouco vaidoso. Por isso não consegue uma verdadeira realização profissional e amorosa.

COELHO COM ASCENDENTE EM GALO (das 17h às 19h)
Por influência do signo de Galo, essa pessoa tem muita imaginação e um mundo interior cheio de fantasias. Discute e briga com um espírito quixotesco. Gosta de manifestar suas observações, que constituem boas referências para o bom resultado do trabalho em equipe. É uma excelente administradora dos fundos próprios e coletivos. Nunca gasta mal um centavo, e é extremamente íntegra.

COELHO COM ASCENDENTE EM CÃO (das 19h às 21h)
É valente e altruísta, capaz de se entregar inteiramente para defender uma causa justa. Extremamente fiel aos amigos, é afável, franco, sensível e muito confiável. Nunca dá um passo para trás quando dá a cara à tapa para ajudar alguém. É um pouco existencialista no fundo de seu mundo interior.

COELHO COM ASCENDENTE EM PORCO (das 21h às 23h)
Esse ascendente permite-lhe adquirir as qualidades do signo de Porco: a simplicidade, o realismo e o espírito conciliador. É um amigo gentil, trabalhador infatigável e amante do lar. Os defeitos do signo de Porco determinam que esse indivíduo seja muito sensual, costumando cair nas tentações da gula e da luxúria.

COMO A PESSOA DE COELHO PASSA OS OUTROS ANOS DO ZODÍACO CHINÊS?

ANO DO RATO
É um ano excelente para a pessoa de Coelho, que o passará maravilhosamente. Não terá sucessos surpreendentes, muito menos notícias desagradáveis. Obterá certos avanços em seus projetos, mas não tanto como quisera. Ocorrerá tudo bem no trabalho e nas relações familiares, sem fortes desgostos nem sérios obstáculos para seu desenvolvimento afetivo e profissional. É um bom ano para fazer planos a longo prazo: comprar um carro, fazer uma operação imobiliária, escolher uma nova carreira ou mudar de ocupação.

ANO DO BOI
É um ano difícil, no qual a pessoa de Coelho vai passar mal. Ao longo desse ano pode deparar-se com sucessivos transtornos físicos e frustração pela demissão no trabalho, amolação por problemas de saúde, o distanciamento de uma pessoa a quem ama muito, a perda de uma boa oportunidade que poderia mudar sua vida etc. Convém tomar todas as precauções para evitar coisas desagradáveis. E, naturalmente, precisa ser otimista e combater o medo de que possa acontecer algo. Seja valente e

se lembre da sabedoria popular: "Não há mal que não venha para o bem".

ANO DO TIGRE
Nesse ano convém ter muitíssimo cuidado para evitar envolvimentos em conflitos, disputas ou discussões. Há muita papelada e uma grande quantidade de processos jurídicos. Por outro lado, é preciso ser precavido na posse de qualquer documento importante e redobrar a vigilância de seus pertences para não serem roubados. Em outras áreas não encontrará maiores dificuldades e, antes de o ano chegar ao fim, poderá encontrar uma agradável surpresa.

ANO DO COELHO
Este é o melhor ano para a pessoa de Coelho. Tudo irá de vento em popa. Verá que não é difícil ser bem-sucedida e levar a cabo um projeto ambicioso. A sorte lhe sorri ao mostrar gratas surpresas. É muito provável que a promovam a um posto mais importante ou tenha um aumento salarial. Alcançará resultados satisfatórios em suas gestões, em seus estudos e em seu trabalho. Terá muita sorte nas viagens e nas relações familiares. Igualmente, poderá encontrar o amor de sua vida, esperar um filho ou se reunir com um familiar que vem de longe. Está em um ano de sorte, aproveite-o plenamente!

ANO DO DRAGÃO
Terá um ano muito atribulado. Vai tirar-lhe o fôlego a quantidade de trabalhos, obrigações, papeladas e afazeres domésticos que parecerão não ter fim. Igualmente, irão se amontoar os compromissos, exames, discussões etc., que lhe absorverão muito tempo e energia. Embora não lucre muito com seus rendimentos, não terá nada, por outro lado, do que se queixar. Perderá algo, mas ganhará mais. No fim, não será nada mal esse ano tumultuoso, que a outros pode ser fatal. Provavelmente terá oportunidade de conhecer a uns amigos influentes que lhe podem ajudar em muitos aspectos.

ANO DA SERPENTE
Nesse ano perceberá que seus esforços não lhe oferecerão resultados satisfatórios. Terá um escasso progresso em seus projetos. Uma série de problemas vão lhe amolar: rivalidade e forte concorrência no trabalho, mal-entendidos entre colegas ou com as pessoas que ama, gastos não previstos no orçamento etc. Talvez, para mudar a situação, terá de fazer uma longa viagem, se mudar de casa ou iniciar um novo projeto. É um ano que irá lhe exigir um pouco mais de ação e de calor humano.

ANO DO CAVALO
Um ano próspero lhe espera. Verá resultados animadores em seu trabalho, estudos ou negócio. Terá sorte de que seus amigos são solidários e que lhe apoiam para que tenha um substancial avanço em seus projetos. Não terá problemas de saúde. Desfrutará de muita estabilidade familiar e econômica. Recuperará perdas materiais. Talvez tenha de viajar muito esse ano ou convidar aos amigos em várias ocasiões.

ANO DA CABRA
Um excelente ano em que conseguirá um extraordinário avanço em seus planos. Terá uma considerável expansão econômica ou profissional. Ampliará seu círculo de amigos ou se apaixonará por uma pessoa elegante e bonita. É um ano que lhe traz bastante sorte em geral, mas precisa ter muito cuidado com seus caprichos e alguns detalhes, porque de repente pode dar um tropeção e se meter em uma confusão desagradável. Terá de vigiar também um pouco os gastos para evitar o déficit. Não compre coisas supérfluas por puro capricho. Com essas precauções, poderá evitar surpresas desagradáveis. Em geral, é um ano frutífero e estável, tanto em sua família como no trabalho.

ANO DO MACACO
Se não é pessimista, esse ano será mais que aceitável. Naturalmente, descobrirá que seus amigos ou sócios lhe traíram ou lhe armaram uma cilada, pois colocarão em risco contratos firma-

dos ou projetos em execução. Surgirão desgostos moderados com sua família ou com as pessoas mais próximas. Terá também leves problemas de saúde. É um ano "travesso", que joga com sua sorte. De qualquer forma, exceto esses contratempos, passará esse ano mais ou menos bem. Porque é impossível que a sorte lhe acompanhe sempre. Assim diz um velho provérbio chinês: "A felicidade é a ausência de tragédias".

ANO DO GALO
Um ano precário, de "vacas magras". Perceberá que tem de fazer muitos gastos inesperados que lhe desequilibrarão o orçamento doméstico. Não terá tantos rendimentos como esperava. Para passar essa má fase, deverá contar com a ajuda de seus amigos. Além disso, é um ano em que convém cuidar muito de segurança pessoal. Não saia muito à noite. Dirija devagar e tome todas as precauções. Sofrerá bastante, mas logo melhorará. Não se deprima. Enfrente a situação com otimismo. A crise será superada.

ANO DO CÃO
Nesse ano melhorará sua situação econômica e a perspectiva profissional. Desenvolverá sem problemas seu trabalho, com bons resultados. Poderá esclarecer alguns mal-entendidos e normalizará as relações familiares e com seus amigos. Seu chefe o valorizará pelo seu trabalho, e seu cônjuge manifestará gratidão por sua fidelidade. É um ano que convém falar menos e trabalhar mais. Pode seguir sendo justo, mas não reclame muito e seja otimista.

ANO DO PORCO
Será um ano tranquilo, bem melhor do que esperava. Não relaxe, siga trabalhando. Ainda poderá melhorar a perspectiva. Convém, antes de tudo, ser realista na elaboração de projetos futuros. Não prometa muito, pois o melhor não poderá cumprir. Provavelmente terá algumas dificuldades ao longo desse ano, por ser muito pragmático. Mas conhecerá novos amores e provará novas delícias gastronômicas. Modere nos namoros e comilanças, pois sabe muito bem que tudo que é em excesso é ruim.

A PESSOA DE COELHO NO AMOR

COELHO E RATO
Um casal estável e duradouro. De caráter muito diferente, mas os dois são realistas e caseiros. O marido de Coelho é terno e tranquilo, enquanto a mulher de Rato é esperta, sociável e comunicativa. Passam muito tempo juntos em casa. Ela sabe seduzir o marido de Coelho, que é mais passivo, provocando-lhe um delírio passional, que os mantém unidos.

COELHO E BOI
Um casal que se complementa em suas virtudes e defeitos. A inteligência, perspicácia e talento da pessoa de Coelho complementam-se com o marasmo, a lentidão e a mediocridade da pessoa de Boi. Ao mesmo tempo, os defeitos da pessoa de Coelho, como a avareza, o egoísmo e a teimosia, são compensados pela generosidade, sociabilidade e disciplina da pessoa de Boi. É uma união por contraste de personalidades, mas que talvez por isso sejam felizes.

COELHO E TIGRE
Apesar de seus extraordinários dotes intelectuais, o marido de Coelho é muito pouco dotado fisicamente para fazer feliz a mulher de Tigre, que gosta de desfrutar de imaginação erótica e prazer carnal. Não se adaptam bem nem na sexualidade nem na vida cotidiana. Possuem gostos totalmente diferentes: o que um gosta o outro detesta.

COELHO E COELHO
Um casal de elementos muito afins. Apesar de poderem levar uma convivência pacífica, carecem de atração passional. Os dois são cerebrais e responsáveis, mas nenhum quer se sacrificar pelo outro. Querem manter um equilíbrio racional, com direitos e obrigações equitativos, mas as circunstâncias da vida real não lhes dão as mesmas oportunidades. Daí surgem as intermináveis discussões e o constante esforço por maior liberdade.

COELHO E DRAGÃO

Um casal magnífico, em cuja convivência reinam a harmonia e a cumplicidade. Os extraordinários dotes intelectuais do marido de Coelho encontram apoio incondicional na mulher de Dragão, que se sacrifica por seu amor, apesar de seu forte caráter e independência. Ele ensina-lhes os bons modos e a astúcia nas relações com as pessoas no dia a dia. Ela contribui com novas ideias para intensificar o afeto mútuo e recriar as emoções. É uma união realista, duradoura, com boa perspectiva, que melhora constantemente sua condição econômica.

COELHO E SERPENTE

Um casal muito bem ajustado, que coordena bem seus aspectos positivos. O marido de Coelho pode contribuir com o êxito da união graças à sua imaginação, capacidade e experiência, enquanto que a mulher de Serpente contribui com a serenidade, o gosto e a sabedoria. Os dois procuram elegância, conforto e êxito. Talvez ela é muito exigente com a forma com que ele expressa seu amor. Do lado negativo, os dois são muito racionais, propensos a longas meditações, o que pode produzir uma fissura em suas relações e aumentar suas diferenças.

COELHO E CAVALO

Um casal que sofre grande incompatibilidade. Os dois movem-se por instinto e caprichos, concentrados em si mesmos, sem intenção de coordenar suas relações. A mulher de Cavalo está farta das reflexões de seu marido de Coelho, enquanto este detesta a frivolidade e a simplicidade espiritual dela. Ela fustiga sem parar a tranquilidade e o repouso dele, cuja escassa sensualidade irrita a dinâmica e altiva mulher.

COELHO E CABRA

Um casal com amor. Ao marido Coelho encanta-lhe a ternura e a fragilidade temperamental dela. A mulher de Cabra adora a bondade, a agilidade e a ambição dele. Desfrutam um amor romântico que lhes dá plena satisfação. Ele está sempre disposto a escutar atentamente a mulher, com solidariedade e ternos conselhos, enquanto que ela inspira-o em sua ambiciosa causa. Mais que uma desenfreada paixão, o que os une estreitamente é um amor sincero, compreensão e afeto.

COELHO E MACACO
Um casal de conveniência. Os dois se conhecem muito, tanto com relação a seus defeitos como quanto a suas fraquezas. Quando se olham, reparam nos defeitos um do outro. A pessoa de Coelho despreza a presunção e o nervosismo da pessoa de Macaco, enquanto que esta não tolera a ruidosa intelectualidade daquele. Levam uma convivência de constante hostilidade, aliviada só pelos contatos carnais, que os levam a uma satisfação efêmera.

COELHO E GALO
Um casal pouco compatível. Apesar de os dois serem inteligentes, ao marido de Coelho lhe irrita a excessiva indiscrição, a agressividade e o materialismo da mulher de Galo. Por outro lado, o marido de Galo odeia a ociosidade, a cafonice e o egoísmo da esposa de Coelho. Uma convivência muito incômoda em que compartem pouca coisa e divergem em quase tudo. A inteligência lhes é muito pouca para controlarem os caprichos que sufocam os laços afetivos.

COELHO E CÃO
Um casal positivo e lúcido. Une-os uma profunda compreensão e um generoso apoio mútuo. A mulher de Cão adora a ternura e a cultura do marido de Coelho, e a este lhe fortalece a lealdade e a lucidez da mulher de Cão. Encontram-se mais unidos pelo afeto, sobretudo em circunstâncias adversas, quando a firmeza e o valor dela sustentam a ambição dele. Este, por sua vez, desenvolve seu talento e sua diplomacia para se livrar de uma situação adversa junto à mulher de Cão.

COELHO E PORCO
Um casal gratificante. São muito diferentes, mas desfrutam plenamente da convivência. À obediência, generosidade e fideli-

dade da mulher de Porco se somam a perspicácia, o talento e a ternura do homem de Coelho. Nunca exageram os defeitos um do outro, mas olham com lupa as virtudes da outra cara-metade. Estão comprometidos a não se separarem nunca.

DRAGÃO

CARACTERÍSTICAS FUNDAMENTAIS

Pronúncia em chinês	Long
Nº de ordem no Zodíaco chinês	Quinto
Horas que rege	7 – 9
Direção do seu signo	Leste / Sudeste
Estação e mês que domina	Primavera – abril
Elemento fixo	Madeira
Tronco	Yang (positivo)

TABELA DE CORRESPONDÊNCIAS COM O CALENDÁRIO CRISTÃO

Desde	Até	Elemento	Aspecto
16.2.1904	3.2.1905	Madeira	Yang
3.2.1916	22.1.1917	Fogo	Yang
23.1.1928	9.2.1929	Terra	Yang
8.2.1940	26.1.1941	Metal	Yang
27.1.1952	13.2.1953	Água	Yang
13.2.1964	1º.2.1965	Madeira	Yang
31.1.1976	17.2.1977	Fogo	Yang
17.2.1988	5.2.1989	Terra	Yang
5.2.2000	23.1.2001	Metal	Yang
23.1.2012	9.2.2013	Água	Yang

O DRAGÃO

No mundo, não há nenhum animal, real ou mitológico, que pode representar tão bem como o dragão o império histórico e a potência emergente que é a China. Esse animal, criado pelos chineses na Antiguidade, é o símbolo de uma nação e de uma cultura milenar. E como tal entrou excepcionalmente no Zodíaco chinês.

O dragão possui um gigantesco corpo de serpente, coberto por brilhantes escamas de peixe. Tem quatro ferozes garras de falcão e dois vigorosos chifres de veado. Sua cabeça se parece com a do leão. Majestoso, titânico, hábil e elegante, está dotado de poderes sobrenaturais: caminha sobre a terra, nada nas águas mais profundas dos rios e do mar, ou por entre as nuvens do céu. Sua enorme boca pode lançar saraivadas de fogo ou cataratas de água. Com um só movimento pode produzir furacões devastadores, e de um sorvo é capaz de esgotar todas as águas da Terra, provocando uma seca catastrófica.

Na China, o dragão é considerado o símbolo do imperador, assim como a Ave Fênix representa a imperatriz. Devido ao fato de o feudalismo chinês ser tradicionalmente muito machista, podem ser encontrados na decoração dos palácios imperiais milhares de dragões feitos de uma grande variedade de materiais e com um acabamento inacreditável. Por outro lado, as imagens da Fênix são escassas nos recintos imperiais. A expressão "dragão" é um eufemismo para "imperador", por isso encontramos expressões como "Roupa de Dragão", "Filho de Dragão", "Corpo de Dragão", "Barco de Dragão", "Carruagem de Dragão" etc., fazendo referência ao imperador. Esse animal mitológico aparece nas moedas, no emblema imperial e no trono como símbolo do Poder Celestial e do sobrenatural poderio que encarnava o imperador. A iconografia tradicional chinesa tem dois tópicos clássicos: "Dois dragões jogando com pérolas" e "A harmonia do dragão e da Fênix". A enorme pérola do mar representa o universo, e a Fênix simboliza a imperatriz.

Popularmente, o culto ao dragão deu origem a múltiplos festejos folclóricos ou tradicionais, como o "Baile do Dragão",

"As Lanternas do Dragão", e a milhares de trabalhos artesanais em ouro, prata, marfim, bronze, jade, madeira, bordados em seda etc.

Para os chineses, o dragão é algo majestoso e misterioso, que sempre inspira respeito e reverência. É imponente, soberbo, rebelde, mal-humorado, poderoso, extremista e tempestuoso. Representa as quatro grandes virtudes: a harmonia, a riqueza, a beleza e a longevidade.

O ANO DO DRAGÃO

Após o ano pacífico do Coelho, o tumultuoso Dragão vem transtornar a tranquilidade com mudanças transcendentais e bruscas. Acontecem dramáticos altos e baixos, tanto na evolução dos processos sociais como na sorte e no infortúnio nas vidas das pessoas.

No ano do Dragão costumam ocorrer grandes calamidades naturais: inundações, secas, terremotos, incêndios florestais etc., assim como incidentes capazes de mudar o curso da história: a morte de líderes carismáticos, o estopim para agitações populares, a adoção de novas estratégias políticas etc.

Os chineses acreditam que os matrimônios firmados nesse ano recebem a bênção do Dragão; igualmente, os filhos que nascem nesse ano levam do signo a estirpe imperial. Do mesmo modo, os negócios abertos sob esse signo podem deslanchar maravilhosamente.

A verdade é que não se sabe se realmente isso traz sorte ou desgraça, porque o ano do Dragão todo é imprevisível e surpreendente. O que é certo é que, dentro dos graves desequilíbrios do ano, todos os negócios prosperam, uns por especulação e outros pelo consumo massivo. Com a chegada do Dragão, movem-se grandes quantidades de dinheiro. Multiplicam-se os investimentos, surgem oportunidades com boas perspectivas, são criados projetos ambiciosos. Tudo parece indicar que o Dragão desperta nas pessoas um vigor incrível e um ânimo universal. É um ano singular, promissor, mas às vezes enganoso. É certo que nem todos podem triunfar. O Dragão repartirá a sorte e o infortúnio entre todos os aventureiros. Os caprichos deste animal soberbo te podem levar ao céu glorioso, ou, com uma rasteira, te jogar ao mar inóspito.

A PERSONALIDADE DA PESSOA DE DRAGÃO

Vigorosa, dinâmica, cheia de vitalidade, a pessoa de Dragão possui uma inesgotável fonte de energia. Tem uma grande capacidade de trabalho e gosta da eficiência: o que pode fazer hoje não deixa nunca para amanhã; o que ela mesma pode fazer não deixa para que os outros o façam.

Nascida para protagonizar proezas gloriosas ou desmesurados alvoroços, a pessoa de Dragão faz esforços colossais, empreende ações contínuas de grande envergadura para executar seu ambicioso projeto. Não se conforma com uma existência cinza e uma personalidade opaca. Odeia a mediocridade: prefere fracassar em ações heroicas que se recolher em um conforto egoísta.

É altiva, orgulhosa, direta, extrovertida, franca e arbitrária. Tem um bom círculo de amigos que a querem e a admiram. Entediam-na indiretas e rodeios. Vai ao ponto de uma vez por todas. Manifesta explicitamente seus pensamentos e suas intenções, sem disfarces nem diplomacia. Odeia o pedantismo cafona ou os discursos pomposos que não esclarecem nada. Tem uma linguagem simples, clara e direta.

É aberta, brusca e rude. Quando se aborrece, tem um gênio ruim e age com brutalidade. Torna-se teimosa, irracional e arbitrária, como um furacão negro. Quando se acalma, arrepende-se da violência com que agiu e pede desculpas sinceramente.

Tem em sua personalidade pouquíssima inveja. Quando elogia alguém, é porque realmente admira essa pessoa, o que é muito fácil e frequente na pessoa de Dragão. Não gosta de desqualificar as virtudes alheias nem de exagerar os defeitos dos demais para ressaltar seus próprios méritos. É sincera e generosa na hora de felicitar o sucesso dos companheiros.

É muito responsável. Parece que nasce para assumir grandes responsabilidades. Na China, ter o signo de Dragão é uma das vantagens que pesam no momento de subir a postos de maior responsabilidade. Em uma família numerosa, o filho que leva esse signo do Zodíaco, ainda que menor, tomará as rédeas dos assuntos familiares, quando os pais ficarem mais velhos e se aposentarem.

Carece de dotes extraordinários para a reflexão filosófica: para ela, há tanto para se fazer no mundo que não há tempo para discussões existenciais ou discussões escolásticas chatas. Sua visão de mundo é superficial, intuitiva e totalmente empírica.

Sua generosidade permite-lhe ter muitos amigos, a quem trata com franqueza e hospitalidade. Desprendida, atenta e disposta sempre a ajudar, a pessoa de Dragão é um luxo de amigo. Nunca se preocupa com a conta bancária dos amigos, trata-os igual quando são ricos ou pobres. Para ela, a amizade é sagrada. Sabe que um ato solitário não pode mudar o mundo, nem formar uma nova tendência social. Precisa da solidariedade dos amigos, que também precisam dela.

É um filho revoltado e rebelde, sobretudo quando pequeno. Mas cuida dos pais como ninguém. É exigente com seus próprios filhos. Quer que se formem com disciplina e rigor, e que sejam independentes o mais rápido possível. É uma boa amiga das crianças, mas não cede nunca aos seus caprichos. A mulher de Dragão capricha na proteção, na atenção e na educação de seus filhos. Dedica-se de corpo e alma para seu bem-estar, dando-lhes tudo o que em sua infância não pôde desfrutar. Deposita excessiva esperança nas crianças, por isso sente-se ferida diante da rebeldia e do comportamento incorreto deles.

É encantadora no amor: sedutora, apaixonada e irresistível. Quando se apaixona verdadeiramente, mostra-se excepcionalmente tenaz para conquistar seu amor. Tem um alto nível de fidelidade no matrimônio, ainda que após os primeiros romances reduza sua paixão por estar concentrada nas grandes causas de sua vida. Não pode viver sozinha, necessita de alguém que a compreenda e compartilhe seu amor e delírio. Não é fácil para a pessoa de Dragão encontrar um verdadeiro amor, mas, assim que o encontra, entrega-lhe generosamente todo seu coração e o ama para sempre. Nem a penúria nem a adversidade podem separá-los.

A mulher de Dragão é mais liberal que as outras do Zodíaco. Assume um amplo compromisso social e é muito ativa nas causas feministas, sindicais ou de caridade. Gosta da vida pública e de andar pelas ruas. Odeia toda forma de coerção, repressão e discriminação com o sexo feminino. Cuida muito da aparência, mas lhe aborrece o excesso de cuidado pessoal e não perde tempo em buscar detalhes que acham sensuais. Acredita mais na beleza natural e em uma alimentação equilibrada que na cosmética. Gosta de roupas práticas e folgadas que lhe permitem movimentar-se mais à vontade. Com um grande amor-próprio, é trabalhadora, abnegada, honesta, nobre e esforçada: quer ganhar o respeito e admiração dos demais. Sente-se profundamente ferida com qualquer desprestígio de sua honra ou que denigram sua pessoa.

O DRAGÃO E OS CINCO ELEMENTOS

DRAGÃO DE METAL (nascidos em 1940 e 2000)
Uma pessoa de ferro. Tem uma vontade férrea e é extremamente persistente em seus objetivos. Não há nada que a faça desistir de suas ideias rebeldes e violentas. Fanática, cabeça-dura, tenaz, obcecada, audaciosa, atreve-se a pisar em terrenos em que ninguém pisou e a fazer coisas que ninguém imaginou. A dureza do Metal duplica a arrogância do Dragão e a impulsiona a impor sua força e sua vontade. Não é flexível nem versátil, aceita mal os conselhos, movem-na impulsos cegos e irracionais. Pode ser uma lutadora valorosa, sobretudo quando a move a justiça, mas nunca chegará a ser uma estrategista nem uma pessoa diplomática. Sua extraordinária franqueza lhe permite ter um bom número de amigos, a quem nem sempre sabe tratar. Muitos viram-lhe as costas por diferenças e discordâncias. Só a seguem os mais devotos e fanáticos.

DRAGÃO DE ÁGUA (nascidos em 1952 e 2012)
Uma pessoa compassiva. A misericórdia é o traço fundamental de sua personalidade. Humana, moral, acessível, generosa, terna, comunicativa e aberta, a pessoa de Dragão de Água é a

menos arrogante e rebelde de seu gênero. As peripécias de sua vida lhe formaram uma atitude conformada com as mudanças. Apesar de nem sempre lhe agradarem, adapta-se rapidamente com um espírito estoico. Atenta aos conselhos, deixa-se persuadir quando se dá conta de que não está sendo guiada pelo bom senso. Do contrário, ficará obcecada em conseguir algo que meteu na cabeça e não há ninguém que a convença do contrário. Sua obstinação é excepcionalmente forte quando se trata de uma convicção. É muito sensível, sofre de frequentes depressões, mas se recupera com certa facilidade.

DRAGÃO DE MADEIRA (nascidos em 1904 e 1964)
Uma pessoa bondosa. Não há nenhuma outra pessoa de Dragão mais concessiva, colaboradora e humana que esta. Apesar de seu gênio difícil e do espírito rebelde, mantém uma elevadíssima cota de moralidade. É direta e sem meias palavras, mas tem um coração bondoso. O jeito de ser e de pensar racionalista do elemento de Madeira freia eficientemente seus impulsos e a arbitrariedade. Nunca é tímida, não se constrange nem nos assuntos mais delicados, mas tem inteligência suficiente para fazer pactos e concessões. Generosa, não guarda rancor nem pensa em represálias. É vital, eficiente, conquistadora, moderna, suscetível às mudanças, mas impaciente, e deixa muitas coisas pela metade. Sua vida está cheia de contradições, diante das quais pretende encontrar inutilmente uma solução totalizadora.

DRAGÃO DE FOGO (nascidos em 1916 e 1976)
Uma pessoa ardente. O Fogo alimenta sua impetuosidade, sua paixão e sua agressividade. É uma viva manifestação de rebeldia e força destruidora. Seus vigorosos impulsos alimentam sua arbitrariedade e a lançam às proezas mais inacreditáveis. Ambiciosa, carismática, trabalhadora, brilhante, essa pessoa tem a capacidade de dirigir uma causa transcendental, mas precisa controlar o seu gênio difícil e sua prepotência. Sua frequente franqueza tira todos os disfarces da hipocrisia, dizendo as coisas tal como são. Com isso ganha muitos inimigos, que a odeiam e a temem

ao mesmo tempo. Do mesmo modo, tem um bom séquito de admiradores que a seguem quase cegamente. Não se conforma com uma vida cinza, pois está convencida de que nasceu para mudar o mundo.

DRAGÃO DE TERRA (nascidos em 1928 e 1988)
Uma pessoa responsável. Caracterizada por um extraordinário senso realista, essa pessoa firma os pés na terra. Não gosta de desperdiçar sua imaginação em façanhas quiméricas ou provocar desordens com um fanatismo irracional. É metódica, consciente e perspicaz, qualidades que a tornam propícia para administrar uma contabilidade ou tomar as rédeas de uma empresa. Tem grande capacidade de trabalho e suficiente talento para fazê-lo bem. Honrada e abnegada, pode sacrificar-se ao máximo se a tratam com respeito. Mas se torna prepotente e colérica quando percebe na atitude dos demais desconfiança e jogo sujo. Nesse sentido, é rancorosa e impiedosa.

O DRAGÃO E SEUS ASCENDENTES

A hora e o lugar de nascimento influenciam em nossa personalidade. O denominado ascendente refere-se ao signo astrológico que nasce no leste no momento do nosso nascimento. Cada animal do Zodíaco chinês domina duas horas. Isto determina a influência de determinado signo no modo de agir e sentir de uma pessoa.

DRAGÃO COM ASCENDENTE EM RATO (das 23h à 1h)
Será caseira, afetuosa e comunicativa. O signo de Rato mina-lhe a arbitrariedade e a arrogância. Tende a meditar antes de começar uma ação importante.

DRAGÃO COM ASCENDENTE EM BOI (da 1h às 3h)
O signo de Boi inspira-lhe firmeza e estabilidade ao seu caráter imprevisível, de modo que suas altivas andanças pelo mundo adquirem certo ar de tradicionalismo e conservadorismo.

DRAGÃO COM ASCENDENTE EM TIGRE (das 3h às 5h)
Essa fera estimula o frenesi de suas patadas irritadas. Seus ataques são irresistíveis. Com um temperamento impulsivo e irracional, essa pessoa é mais imprevisível e poderosa.

DRAGÃO COM ASCENDENTE EM COELHO (das 5h às 7h)
A serenidade, a astúcia e os bons modos da pessoa de Coelho servem para criar uma pessoa de Dragão forte, lúcida, sutil e carismática. Um extraordinário candidato a cargos de direção.

DRAGÃO COM ASCENDENTE EM DRAGÃO (das 7h às 9h)
Generosa, enérgica, passional, honesta e fanática. Nasce para ideais cósmicos, vive intensamente como uma lutadora incansável ou uma labareda incandescente. Um numeroso séquito de admiradores devotos e fanáticos a segue.

DRAGÃO COM ASCENDENTE EM SERPENTE (das 9h às 11h)
A frieza e a meticulosidade da Serpente obrigam-lhe a planejar suas estratégias antes de iniciar qualquer ação. Agora atingirá seu objetivo com mais facilidade, pois se apoia em uma reflexão profunda, e os seus atos são revestidos pela magia e pelo encanto da Serpente.

DRAGÃO COM ASCENDENTE EM CAVALO (das 11h às 13h)
Tem um interesse especial por festas, jogos e diversão, nos quais é uma verdadeira protagonista. A despreocupação e o espírito evasivo do signo de Cavalo distraem-na de seu projeto ambicioso e de seu sério compromisso com a justiça social.

DRAGÃO COM ASCENDENTE EM CABRA (das 13h às 15h)
A modéstia e a estética refinada do signo de Cabra pesam mais que sua própria força. Vai dar conta de que atingirá o seu objetivo sem ter de recorrer à violência. É terna e poderosa, e ao mesmo tempo sentimental e resolvida. A perfeição da força!

DRAGÃO COM ASCENDENTE EM MACACO (das 15h às 17h)
Com a astúcia e a habilidade do Macaco, o grande poder dessa pessoa de Dragão é mais temível. Seu gênio difícil modera-se

consideravelmente ao ser influenciado pela graça e humor do signo de Macaco. Sua presunção pode ter novas dimensões com a vaidade do signo de Macaco.

DRAGÃO COM ASCENDENTE EM GALO (das 17h às 19h)
As fantasias do signo de Galo enriquecem a imaginação dessa pessoa de Dragão. Com isso, não se aborrecerá nunca em suas andanças extraordinárias. Passará a vida lutando contra inimigos reais e fantasias quiméricas. Tem um nobre ideal e uma conduta exemplar. Critica severamente os males da sociedade, luta contra a hipocrisia e postula por um novo sistema de valores.

DRAGÃO COM ASCENDENTE EM CÃO (das 19h às 21h)
Além das virtudes próprias do signo de Dragão, adquire agora a fidelidade, estabilidade, paciência e realismo do signo de Cão. Não se move nem um pouco da bravura nem do senso de justiça.

DRAGÃO COM ASCENDENTE EM PORCO (das 21h às 23h)
A humildade do signo de Porco suaviza sua arrogância. Será mais generosa e bondosa, com um espírito de sacrifício. Uma amiga confiável para toda a vida! Contará sempre com sua generosidade, força e gentileza.

COMO A PESSOA DE DRAGÃO PASSA OS OUTROS ANOS DO ZODÍACO CHINÊS?

ANO DO RATO
Um ano cheio de oportunidades, propício para empreender novos negócios ou procurar um aumento salarial. Irá se sentir motivada para dedicar mais tempo e afeto à família. Ficará mais caseira. Não terá problemas sérios de saúde nem conflitos no trabalho.

ANO DO BOI
Um ano bom para a pessoa de Dragão, tanto profissionalmente como no amor. Os múltiplos conflitos que se sucedem ao seu redor não lhe afetarão em nada. Irá se manter concentrada no

trabalho, com ótimos resultados. Encontrará seu autêntico amor na vida ou fortalecerá suas relações afetivas. Além disso, a sorte vai lhe sorrir com pequenos prêmios.

ANO DO TIGRE
Um ano preocupante. Um sem-fim de problemas vão lhe atormentar, incluindo desgostos no trabalho e na família. Encontrará sérios obstáculos na execução de seus projetos; surgirá um rival e uma forte concorrência. Em casa, as frequentes discussões a deixarão amargurada. Terá de controlar seu temperamento difícil e sua arbitrariedade para evitar brigas.

ANO DO COELHO
Um ano de paz. A harmonia volta à família. A tensão se dissipará e os mal-entendidos serão esclarecidos. Desaparecerão os obstáculos e conseguirá um substancial avanço em seu trabalho. Surgirá o presságio de uma boa perspectiva. Terá pequenos problemas de saúde, mas em seguida se recuperará.

ANO DO DRAGÃO
Um ano extraordinário. Tudo de vento em popa. Desfrutará plenamente da amizade, do afeto e do amor. Entrará um bom dinheiro. Um ano muito agitado, mas gratificante e alentador. Trabalhará infatigavelmente e não se sentirá cansada nunca porque seus esforços darão bons resultados.

ANO DA SERPENTE
Outro ano carregado de trabalho. Em geral, tudo vai bem: boa saúde, entradas consideráveis de dinheiro e fluida realização afetiva. Até a metade do ano, surgirão mal-entendidos na família por causa de sua pouca dedicação a ela. Os conflitos no trabalho serão cada vez mais frequentes. Precisará de tempo e, sobretudo, de serenidade para resolver essas dores de cabeça. De qualquer modo, a perspectiva não parece tão desalentadora.

ANO DO CAVALO
Um ano problemático. Terá desgostos mais sérios e verdadeiros quebra-cabeças que lhe transtornarão a vida durante certo

tempo. Irá se dar conta de que precisará controlar os seus caprichos e o gênio difícil para conseguir dar um giro na situação desfavorável e ficar acima dos inumeráveis dissabores. Sua única satisfação será a amizade e as conversas com os amigos.

ANO DA CABRA
Um ano medíocre, mas rico em ternura. Se não pode alcançar resultados deslumbrantes no âmbito profissional, pelo menos terá recuperado a paz e o afeto da família. Desfrutará a ternura e a tranquilidade de uma vida pacata. Haverá momentos em que se sentirá só e melancólica. Precisará de conselhos e mais carinho.

ANO DO MACACO
Um ano paradoxal. O êxito inicial de suas atividades será truncado por brigas judiciais ou conflitos com os companheiros. Poderá fazer novas amizades, mas se afastará de velhos amigos. Será um ano em que terá de se estender desprotegida em uma luta, mas também precisará fazer mais concessões. Você se superestimar será o maior obstáculo para sua realização profissional e afetiva.

ANO DO GALO
Um ano inesperadamente bom. Terá grandes e agradáveis surpresas. Terá sorte com dinheiro, no amor e na saúde. Profissionalmente, será um ano de sucesso pleno. A seriedade e a paciência nos trabalhos do dia a dia serão a chave do sucesso. Seus nobres ideais encontrarão seu melhor aliado no espírito empírico do signo de Galo.

ANO DO CÃO
Um ano conflituoso. Não deveria ser tão ruim, mas surgirão problemas que atrapalharão o andar da carruagem. Alguns erros humanos e técnicos determinarão a inutilidade de todo esforço realizado. Viverá tensões e conflitos.

ANO DO PORCO
Um ano normal. A normalidade será recuperada. Novamente tudo volta ao seu controle, graças ao seu senso realista e seu

comportamento gentil e humilde. Vai se sentir mais caseira e serena. Desfrutará de uma vida pacata, cheia de afeto e equilíbrio emocional. Apesar de não querer, terá de fazer várias viagens.

A PESSOA DE DRAGÃO NO AMOR

DRAGÃO E RATO
Um casal feliz. O homem de Dragão terá uma mulher fiel e simpática, que poupa tudo quanto pode, porque sabe que a sorte pode não lhes acompanhar por toda a vida. O homem de Dragão admira o otimismo e a inteligência da mulher de Rato, com quem é generoso e atencioso. Apesar disso, não pode sacrificar seus projetos ambiciosos nem suas andanças pelo mundo. A mulher de Rato é terna, complacente e afetuosa com o homem de Dragão. Apesar de no fundo querer que ele fique sempre em casa, não o prende nunca, consciente de que o homem de Dragão precisa tomar um ar na rua. Ajudam-se e se apoiam com carinho. Suas relações afetivas são satisfatórias. É uma união positiva e duradoura.

DRAGÃO E BOI
Um casal contrastante. O homem de Dragão é extrovertido, prepotente, impulsivo e rebelde, enquanto a mulher de Boi é introvertida, humilde, reflexiva e conservadora. Ele anseia por uma paixão e pelo delírio no amor, o que a mulher não lhe pode oferecer devido à sua pouca propensão à paixão liberal e sua excessiva preocupação moralista. Por outro lado, o materialismo do homem de Boi contrasta com o idealismo da mulher de Dragão. Precisam fazer concessões mútuas para poderem levar uma convivência pacífica. Apesar das diferenças em sua visão de mundo e em seu modo de ser, há uma plena confiança e fidelidade entre os dois.

DRAGÃO E TIGRE
Um casal em luta. Os dois são capazes, ativos e ambiciosos, e procuram ter maior liberdade e independência. Lutam pela liderança da família. Apesar de a mulher de Tigre admirar as

qualidades do homem de Dragão, não sacrifica jamais seus próprios interesses, nem quer mudar o seu modo de ser. Feminista, rebelde e possessiva, não se conforma com um papel secundário dentro de casa. O homem de Dragão tem uma vida intensa, dinâmica, movida por grandes ideais. A frieza e a pouca solidariedade da mulher de Tigre com sua causa deixa-no insatisfeito. A tensão em que vivem afeta seriamente sua vida afetiva. Precisam equilibrar constantemente suas relações para evitar os conflitos.

DRAGÃO E COELHO
Um casal em harmonia. É uma perfeita combinação de virtudes: a força e o valor do homem de Dragão complementam-se com a inteligência e o talento da mulher de Coelho. Ele é direto, generoso e pro tetor. Ela é diplomática, precavida e concessiva. Juntos podem enfrentar qualquer situação. Se souberem perdoar os defeitos e equívocos um do outro, não dando ouvidos a fofocas, o amor e a ternura reinarão sempre em seu lar. Desfrutarão da convivência com plena satisfação afetiva e terão todo o conforto de que precisam.

DRAGÃO E DRAGÃO
Um casal extraordinário. São muito parecidos, tanto em seu modo de ser como em suas ambições. Conhecem-se até o ponto mais escondido de suas almas. É difícil que cheguem a um equilíbrio emocional, já que vivem em uma tensão constante pela disputa da supremacia no relacionamento. Gostam de participar de eventos públicos e de ter uma vida social intensa. Não gostam do sossego e da "prisão" do lar. Jogam a culpa na família por não terem se realizado profissionalmente. Quando estão em harmonia, são poderosos e eficientes no que fazem e têm grande possibilidade de êxito. Mas a luta interna lhes absorve muito tempo e energia. Precisam implantar um respeito recíproco à total independência e individualismo, como a única forma de evitar desgastes e trazer a paz a essa união de dois gigantes prepotentes.

DRAGÃO E SERPENTE
Um casal satisfatório. O homem de Dragão encontra na sutileza, serenidade e encanto da mulher de Serpente a inspiração para sua luta. A mulher de Serpente não se importa tanto com o despotismo do homem de Dragão, desde que ele se mantenha generoso para dar-lhe conforto e viril para garantir-lhe o prazer na cama. Seu magnetismo hipnotiza o vigoroso homem de Dragão, que a respeita dignamente. Boa administradora do orçamento familiar, ela dá estabilidade econômica à família. Enquanto ele se realiza em suas proezas descomunais, a mulher de Serpente desfruta de reflexões filosóficas e da custosa cosmética.

DRAGÃO E CAVALO
Um casal concessivo. O marido de Dragão concorda com a plena liberdade e os caprichos alegres da mulher de Cavalo, enquanto ela aguenta a soberba prepotente do marido de Dragão. No fundo, atraem-se terrivelmente e formam um casal invejável. A inteligência e os hábitos mundanos dela encaixam-se perfeitamente com o vigor e a nobreza dele. Desfrutam das viagens e das amizades. Nunca lhes falta imaginação para o que fazem. Surgirão tensões por causa da má administração financeira da mulher de Cavalo, que mantém instável a economia familiar. Terão de cortar muitos gastos supérfluos da vida social para equilibrar a balança. Liberais em sua vida afetiva, não são ciumentos nem desconfiados.

DRAGÃO E CABRA
Um relacionamento delicado. A mulher de Cabra é sentimental, delicada e caseira. Quer que a mimem e a tratem com afeto. Mas o homem de Dragão, absorvido em sua luta cotidiana por suas ambições, não pode lhe dar muita atenção. Ela se sentirá desolada. A arrogância do homem de Dragão fere-a profundamente. Ele também se sentirá desiludido porque não encontra nela a solidariedade que precisa para suas causas. Quando desaparecem momentaneamente os conflitos e a tensão, ambos experimentam intenso prazer em seus atos sexuais. O homem de Dragão é generoso e viril, capaz de levar a mulher de Cabra

a um mundo cheio de gozos dos sentidos. Mas possuem gostos muito diferentes e, o que é pior, não se esforçam por uma melhor perspectiva.

DRAGÃO E MACACO

Um casal inspirador. Positiva, um pouco romântica e muito inteligente, a união entre o poderoso homem de Dragão com a graciosa mulher de Macaco proporciona-lhes uma inesgotável vitalidade. São animados, cheios de vontade, sociáveis, qualidades que, somadas à inteligência e jovialidade da mulher de Macaco, permitem-lhes se lançar à conquista da felicidade comum e à realização pessoal. Não se limitam nunca e se inspiram constantemente. Desfrutam de plena liberdade e contam sempre com o afeto e a solidariedade mútuos. Apesar de a mulher de Macaco portar-se mal de vez em quando, zombando do homem de Dragão, este sabe se impor inteiramente. Têm plena confiança um no outro e juntos são muito poderosos.

DRAGÃO E GALO

Um casal aceitável. Podem levar uma convivência tranquila se conseguirem resolver oportunamente certas fissuras que surgirem na raiz de suas diferenças de temperamento. O homem de Dragão se dará conta de que as críticas da mulher de Galo, apesar de serem muitas e pesadas, têm uma grande lucidez analítica, que servem para orientá-lo acertadamente em suas ações; enquanto isso, ela terá de diminuir um pouco seu materialismo, graças ao digno exemplo de nobreza que lhe dá o homem de Dragão. Por conta de suas diferentes filosofias de vida, assumem atitudes totalmente distintas diante da realidade. Mas respeitam a independência e o amor-próprio um do outro. É uma convivência difícil por causa das divergências de opinião, mas bastante suportável, já que se complementam em seus aspectos positivos.

DRAGÃO E CÃO

Um casal distante. Terão de superar muitas contradições para alcançar um equilíbrio quase impossível. Ambos são orgulhosos, independentes e lutadores. Desafiam frequentemente um ao outro sem fazer concessões em nenhum momento. Muitas vezes se sentem feridos um pelo outro, porque o que precisam encontrar em seu relacionamento é justamente sua deficiência: a docilidade no homem de Dragão e a rebeldia na mulher de Cão. Terão de fazer um enorme esforço para alcançar um bom nível de compreensão. Suas relações afetivas estão longe de ser harmoniosas.

DRAGÃO E PORCO
Um casal estável. A mulher de Porco apoia incondicionalmente as ambições do homem de Dragão, acalmando com realismo seus impulsos irracionais e tranquilizando com serenidade seu espírito rebelde. A humildade e a total entrega dela contribuem decididamente ao sucesso da união. Ele acha em sua companheira uma total solidariedade, sobretudo quando está frustrado. Enchem-se de carinho, sensualidade e amor profundo. Desfrutam do lar e da convivência plenamente.

SERPENTE

CARACTERÍSTICAS FUNDAMENTAIS

Pronúncia em chinês	She
Nº de ordem no Zodíaco chinês	Sexto
Horas que rege	9 – 11
Direção do seu signo	Sul / Sudeste
Estação e mês que domina	Primavera – maio
Elemento fixo	Fogo
Tronco	Yin (negativo)

TABELA DE CORRESPONDÊNCIAS COM O CALENDÁRIO CRISTÃO

Desde	Até	Elemento	Aspecto
4.2.1905	24.1.1906	Madeira	Yin
23.1.1917	10.2.1918	Fogo	Yin
10.2.1929	29.1.1930	Terra	Yin
27.1.1941	14.2.1942	Metal	Yin
14.2.1953	2.2.1954	Água	Yin
2.2.1965	20.1.1966	Madeira	Yin
18.2.1977	6.2.1978	Fogo	Yin
6.2.1989	26.1.1990	Terra	Yin
24.1.2001	11.2.2002	Metal	Yin
10.2.2013	30.1.2014	Água	Yin

A SERPENTE

Se o dragão é o animal que reúne os elementos mais essenciais do *Yang*, a serpente é a que reúne os elementos mais essenciais do *Yin*. Popularmente considerada como o "Dragão Pequeno", a serpente não só possui traços físicos similares ao dragão grande, mas também compartilha alguns poderes sobrenaturais do dragão: pode trazer chuva ou provocar uma seca. Por outro lado, as crenças populares e as lendas antigas da China têm atribuído à serpente uma série de mitos que são popularmente conhecidos naquele distante país do Oriente.

Na China, a serpente é associada à beleza feminina. Dizem que a serpente pode metamorfosear-se em belas mulheres que vivem pelo mundo. São belíssimas e encantadoras. Costumam casar-se com jovens discretos e trabalhadores e levam uma vida absolutamente normal, com a exceção de que não podem beber licores, pois o álcool faz que voltem à sua forma original. Existem muitas lendas na mitologia chinesa. A história mais comovente é a que tem sido adaptada na Ópera de Pequim, chamada *História da serpente branca*.

A serpente é lúcida, clarividente e infalível nas consequências: os bondosos receberão gratificações fabulosas, e os maus colherão castigos impiedosos. Se alguém salva a sua vida, irá pagá-lo abundantemente. Em compensação, se alguém trata-a mal, persegue-o até o fim do mundo para se vingar dele. Por essas crenças populares, os chineses raramente matam[*] uma serpente que não cruze o seu caminho, porque certamente terão sua vingança.

A serpente é considerada um animal que traz boa sorte e que atrai dinheiro. Assim, as pessoas mais velhas nunca se espantam com os répteis alojados nas casas velhas. Tão arraigada é a tradição que contam que há histórias verídicas sobre casas tomadas por serpentes.

---

[*]. Na China se come cobra, mas não é algo popular. O uso da cobra na culinária restringe-se a uma zona muita limitada no extremo sul do país, onde antigamente só habitavam "bárbaros". Nas amplas regiões do restante da China não se tem tal costume. É onde se formou a tradição milenar do país.

Segundo a crença popular, no ano da Serpente nascem belas mulheres e homens de excepcionais dotes intelectuais. Principalmente se nascem na primavera ou no verão, pois aí terão mais poder e encanto. A pessoa de Serpente que vem à luz no outono e no inverno é menos ágil e cativante.

O ANO DA SERPENTE

O ano da Serpente acaba sofrendo as nefastas consequências do ano anterior, por ser o ano mais negativo (o *Yin*) seguido imediatamente do mais positivo (o *Yang*). É um ano que guarda muitos presságios paradoxais e misteriosos de sucessos totalmente imprevisíveis.

É um ano que pede meditações, planejamentos e busca de soluções. São traçadas importantes estratégias políticas ou são feitas novas conjunturas sociais, econômicas ou científicas. Há muitos acordos firmados e novas políticas executadas. É um ano de profunda reflexão sobre o passado e o futuro.

A característica sensatez com que se administram os negócios faz que eles funcionem de modo bem-sucedido. No campo da ciência e da tecnologia são feitos avanços substanciais. É um ano propício para as atividades artísticas e prosperam concursos de música, de dramaturgia e das belas-artes. Cultiva-se o gosto pela elegância e por uma vida confortável.

É um ano romântico, sensual, cheio de encantos, sedução e magnetismo. Um ano que inspira as emoções afetivas e relações amorosas. É fácil se apaixonar e que alguém se apaixone por você; e é igualmente fácil se desenganar. Acontecem milhares de romances idílicos, acompanhados de outros tantos escândalos na vida privada.

Por trás da aparente calma e elegância romântica do ano da Serpente escondem-se perigos latentes que tocaiam os desprevenidos. Convém se conduzir com cuidado, principalmente ter em conta que o jogo e a especulação terão consequências negativas.

O que menos deve causar preocupação é a cobrança de dívidas, pois as pessoas cumprirão muito bem suas obrigações, liquidando tudo o que for pendente.

A PERSONALIDADE DA PESSOA DE SERPENTE

Nascido sob o domínio da sabedoria, a pessoa de Serpente possui extraordinários dotes intelectuais. É inteligente, meditativa, criativa e original, qualidades que lhe permitem ser uma figura destacada nos círculos da filosofia, ciências, esoterismo, política, finanças e arte. No ano da Serpente nascem homens de talento e mulheres encantadoras.

A mulher de Serpente tem destacada clarividência e grande lucidez na análise das circunstâncias. Possui critérios muito originais, pois não se deixa influenciar pela observação alheia, e quase sempre acerta. Por isso desperta admiração entre seus amigos, que costumam pedir seu conselho.

O homem de Serpente é culto, elegante, meditativo e prudente. Amante da música, da literatura e das artes plásticas. Gosta de conferências, assembleias e discussões sobre temas culturais, religiosos, filosóficos e artísticos. Costuma escutar atentamente a opinião dos demais. Também expressa seus critérios analíticos quando tem oportunidade. Detesta boatos irresponsáveis e gargalhadas frívolas. Não se preocupa com pormenores econômicos ou fofocas. Cuida muito da aparência. A mulher de Serpente costuma ter uma pele muito fina, que é digna de joias autênticas. Com certeza não gosta de bijuteria. O que brilha em seu corpo deve ser ouro ou diamante.

O homem de Serpente é desconfiado, ciumento e rancoroso. Não pisa onde não examinou previamente. Desconfia da oferta da amizade fácil e nunca descuida da guarda contra possíveis armadilhas. Zeloso na proteção do que é seu, não deixa que ninguém entre em seu mundo privado. Se lhe causam dano, é muito rancoroso. Pode demorar muito tempo em se vingar, mas nunca desistirá de seu propósito. Suas reações são surpreendentes e contundentes. Sem dúvida, nunca ataca sem um bom motivo.

Grande cumpridor de suas obrigações: pagará generosamente um favor recebido, liquidará suas dívidas religiosamente, cumprirá sem falta o prometido. Exige também aos demais que cumpram com suas obrigações e que respeitem suas palavras de honra.

Tem ambição pelo poder e pelo lucro, que é o que mais lhe fascina no mundo. É raro que uma pessoa de Serpente morra na pobreza. Pode ser que quando jovem não tenha um orçamento folgado. Mas mudará a sorte assim que crescer. Poderá ganhar dinheiro suficiente para seus gastos e até ter uma conta bancária gorda. O que deveria evitar é a avareza e a cobiça. Possivelmente não chegará a ter muito poder, mas passará toda a vida esperando a oportunidade, maquinando friamente para alcançar seu objetivo.

É muito capaz no trabalho por causa de sua inteligência, sua serenidade e suas atitudes metódicas. Conta com o apreço dos chefes e o respeito dos companheiros. Se dirige um projeto, é muito responsável e competente. Será com certeza bem-sucedido. Muito exigente com sua equipe, quer que trabalhem com a mesma eficiência e profissionalismo.

Absolutamente sereno, inclusive diante de situações delicadas ou perigos iminentes. É de aparência impassível e possui certo senso de humor. Em algumas ocasiões é indiferente, piadista e engraçado. Mas sempre demonstra inteligência e bom gosto. Não é impulsivo, mas quando se irrita pode ser feroz.

No amor exerce um encanto irresistível, que pode cativar a presa mais resistente. É possessivo, passional, ciumento e hipersensível; exige a entrega total, de corpo e alma, da pessoa amada. Qualquer indício de infidelidade provocará nele a mais severa reação de intolerância. A mulher de Serpente tem uma peculiar feminilidade e um feitiço. Sua sensualidade refinada e o seu ímã sedutor hipnotizam eficientemente o seu amado, levando-o ao romance mais idílico e ao prazer carnal mais delirante.

É precavido e seletivo na educação dos filhos, tratando de que se formem com cultura e hábito refinados. Paciente, mas exigente, corrige-lhes a grosseria e a precipitação, ensinando-lhes ao mesmo tempo a serenidade, a astúcia e os bons modos. Quer fazê-los independentes e autossuficientes logo quando puderem.

A SERPENTE E OS CINCO ELEMENTOS

SERPENTE DE METAL (nascidos em 1941 e 2001)
Uma pessoa temível. A lucidez da Serpente é somada à fortaleza moral do Metal, tornando-a mais resolvida e irresistível. Obstinada, perspicaz, fria e calculista, a pessoa de Serpente de Metal levará ao fim qualquer propósito, por ser muito ambiciosa. O Metal também impulsiona a sua ânsia por lucro. A sorte lhe acompanhará muito frequentemente, proporcionando-lhe oportunidades únicas, para que sua magia e encanto convertam em ouro tudo o que toque. Flui grande quantidade de dinheiro no transcurso de sua vida. Mas não hesitará em gastá-lo na perseguição de seu conforto e na ostentação de um luxo que na essência não é próprio dela. É também ambiciosa e possessiva com o poder e a fama. Utiliza muitas artimanhas para consegui-los. Sutil e discreta, sabe dissimular suas intenções. Desconfia das pessoas, toma todas as precauções para evitar armadilhas. Rancorosa e mortal, seus ataques são de surpresa e perigosíssimos.

SERPENTE DE ÁGUA (nascidos em 1953 e 2013)
Uma pessoa astuta. É a mais lúcida e versátil das pessoas de Serpente. Também a menos teimosa e firme. Tem uma extraordinária previsão sobre a evolução dos resultados, sobre os quais pretende exercer certa influência, mobilizando os companheiros. Sabe perfeitamente como pôr em jogo a iniciativa dos demais para alcançar um objetivo pessoal. Às vezes é descaradamente imoral, fazendo uso de artimanhas magnetizadoras para que trabalhem em benefício de seus próprios interesses. Egoísta e hábil, sempre pretende tirar proveito da situação. Ao contrário, quando lhe pedem ajuda, é fria, indiferente e evasiva. Nunca se sacrifica pelo bem alheio, e muito menos por algo que seja justo. Seus encantos físicos e a doçura do seu modo de falar são também meios para convencer ou persuadir. É rancorosa quando a ferem em seu amor-próprio: sua vingança será impiedosa.

SERPENTE DE MADEIRA (nascidos em 1905 e 1965)
Uma pessoa nobre. A nobreza moral da Madeira conjuga-se perfeitamente com seu dom intelectual, incrementando consi-

deravelmente sua perspicácia e a certeza de suas previsões sobre o futuro. Generosa com os amigos, compassiva com os humildes, fiel no matrimônio, contida nas pretensões materialistas, a pessoa de Serpente de Madeira é um modelo moral para todos desse signo. É atraente, eloquente, comunicativa e muito amistosa. Rodeia-se de amigos, a quem sabe dar sábios conselhos. Por ser uma pessoa organizada, culta e refinada, pode ser uma colecionadora de arte ou de antiguidades. Sua ampla formação e suas opiniões acertadas em aspectos analíticos lhe dão atitudes de um excelente financista, investidor ou acionista. Terá maior êxito se conseguir frear um pouco sua ansiedade e avidez.

SERPENTE DE FOGO (nascidos em 1917 e 1977)
Uma pessoa apaixonada. O dinamismo do Fogo a faz ser hiperativa, eficiente e resolvida. Sua ambição pelo poder e fama cresce desmesuradamente com a incidência do Fogo. Não se conforma em dirigir um pequeno grupo de pessoas, para o qual possui dom e carisma: pretende chegar muito mais longe. Tem muita imaginação e poder criativo. Trabalha intensamente para objetivos muito claros. Se não os alcança em um piscar de olhos, fica impaciente e reclama demais. Sua ansiedade de superação na carreira profissional e pública leva-a a pôr em jogo numerosos recursos, que muitas vezes se chocam e não geram resultados. Sua paixão pelo prazer carnal não é menos ardente que sua ambição política. Sua vida se consome rapidamente em seus instintos febris de poder e paixão.

SERPENTE DE TERRA (nascidos em 1929 e 1989)
Uma pessoa realista. A Terra inspira-lhe maior seriedade e senso ético, qualidades que, junto à lucidez e à perspicácia próprias do signo, a tornam, sem dúvida, a melhor candidata para postos de gerente ou diretor financeiro. Profundamente realista, pisa sempre em terra firme e não se deixa levar por correntes e ideias extravagantes. Apegada aos valores tradicionais e amante das artes clássicas, custa-lhe se identificar com o vanguardismo contemporâneo. É firme, sólida, serena, não se altera diante de

situações perigosas, muito menos se dobra diante de pressões. Encantadora, generosa, bondosa, poupadora, afetiva e nobre, a pessoa de Serpente de Terra é digna de ser apreciada e amada.

A SERPENTE E SEUS ASCENDENTES

A hora e o lugar de nascimento influenciam em nossa personalidade. O denominado ascendente refere-se ao signo astrológico que nasce no leste no momento do nosso nascimento. Cada animal do Zodíaco chinês domina duas horas. Isto determina a influência de determinado signo no modo de agir e sentir de uma pessoa.

SERPENTE COM ASCENDENTE EM RATO (das 23h à 1h)
Será uma pessoa simpática, comunicativa e amistosa. Compassiva e sentimental, é terna com a família e agradável com os amigos. Seu grande senso comercial lhe permite triunfar nos negócios.

SERPENTE COM ASCENDENTE EM BOI (da 1h às 3h)
A imprevisibilidade de seu caráter e o magnetismo de seu feitiço possuem a teimosia e a resistência do Boi. A inteligência e a elegância da Serpente somam-se à força e à ordem, tornando-a irresistível.

SERPENTE COM ASCENDENTE EM TIGRE (das 3h às 5h)
A audácia, a elegância e o entusiasmo do Tigre compensam muito bem as deficiências da Serpente. Apaixonada, vigorosa e opressora, a pessoa de Serpente nascida sob o domínio do Tigre é feroz em seus ataques de surpresa. Profundamente desconfiada e rancorosa, faz pagar com a mesma moeda o mal que lhe causaram.

SERPENTE COM ASCENDENTE EM COELHO (das 5h às 7h)
Uma pessoa que vê ampliadas suas virtudes com a colaboração da personalidade do Coelho: a diplomacia, os bons modos, o talento, a ternura, o amor à vida mundana. Será uma pessoa pacífica, de gostos refinados, mas pouco dada aos esportes e à ação.

SERPENTE COM ASCENDENTE EM DRAGÃO (das 7h às 9h)
O poder e a força do Dragão encontram seu melhor aliado na inteligência e reflexão da Serpente. Não se limita ao perfeccionismo pessoal, assumindo amplos compromissos sociais, nos quais demonstra total sinceridade e verdadeira iniciativa. Generosa, audaciosa, soberba, persegue altos ideais.

SERPENTE COM ASCENDENTE EM SERPENTE (das 9h às 11h)
Desmesuradamente ambiciosa pelo poder e pela fama, por trás de seu temperamento imprevisível e aparente elegância se escondem intenções egoístas. Trabalha silenciosamente para alcançar seu objetivo. Fria, calculista, ávida por lucro e conforto, exerce sua arte de hipnotismo para cativar a presa.

SERPENTE COM ASCENDENTE EM CAVALO (das 11h às 13h)
Tem um conceito liberal e libertino da vida. Procura passá-la o melhor possível, não se preocupando com os preceitos tradicionais da ética. Otimista e passional, foca o seu feitiço na conquista dos amores mais absurdos, cheios de divertidos escândalos.

SERPENTE COM ASCENDENTE EM CABRA (das 13h às 15h)
A elegância e a sabedoria da Serpente adquirem novas dimensões com os caros gostos artísticos do signo de Cabra. Será uma pessoa crítica, sensata e original, ou uma artista clássica de brilhante talento. Sua vida parece uma pintura modernista feita com o *Azul* de Ruben Darío. É sentimental e refinada.

SERPENTE COM ASCENDENTE EM MACACO (das 15h às 17h)
A associação do Macaco com a Serpente cria um super-homem carismático que irradia sabedoria, gênio, simpatia, sensatez, perspicácia e encanto. Essas qualidades equilibram-se perfeitamente em uma pessoa, que só sentiria falta, pelo menos, de um pouco mais de força.

SERPENTE COM ASCENDENTE EM GALO (das 17h às 19h)
Ávida por poder e lucro absoluto e pela total obediência dos que a seguem, essa pessoa é um pequeno ditador todo-podero-

so de um pequeno exército. Seu amplo horizonte de conhecimentos em nada serve para mudar sua situação, sendo inflexível nas discussões. Concentrada no trabalho, faz da rotina algo heroico em sua vida.

SERPENTE COM ASCENDENTE EM CÃO (das 19h às 21h)
A amizade e a lealdade serão seus princípios básicos, os quais defende com valor. Tem extraordinária certeza de seus juízos e conclusões. Será uma pessoa carismática, a quem não faltarão amigos por toda a vida. Culta, serena, generosa, fiel e justa, pode ter uma brilhante carreira política.

SERPENTE COM ASCENDENTE EM PORCO (das 21h às 23h)
O Porco indica em sua personalidade simplicidade, abnegação e modéstia, as quais apoiam positivamente as virtudes do signo de Serpente. Por outro lado, a grande sensualidade e paixão primitiva do signo de Porco revestem-se agora com o feitiço e a magia da Serpente, conduzindo-a às mais desenfreadas orgias e à luxúria.

COMO A PESSOA DE SERPENTE PASSA OS OUTROS ANOS DO ZODÍACO CHINÊS?

ANO DO RATO
Um ano dinâmico. Aproveitando as mudanças dramáticas e boas conjunturas, conseguirá notáveis avanços em seu projeto pessoal. Terá uma importante entrada de dinheiro, mas deve passar por altos gastos. Surgirão muitos problemas que afetarão o curso normal de sua vida; contudo, graças à sua perspicácia e à solidariedade dos amigos, conseguirá resolvê-los sem prejuízo.

ANO DO BOI
Um ano de frequentes equívocos. Apesar de sua habitual inteligência e convicção, cometerá vários erros técnicos consideráveis ao longo do ano. Será questionado o seu prestígio de bom administrador. Convém fortalecer as amizades e praticar uma política de boa vizinhança, e, além disso, evitar a excessiva teimosia e arrogância, para que os erros tenham o menor impacto possível.

ANO DO TIGRE
Um ano conflituoso. Terá muitos desgostos e mal-entendidos que lhe provocarão muito nervosismo. É preciso manter-se tranquilo para evitar ser levado por confusões desagradáveis. Um pouco de humor e otimismo lhe fará muita falta diante dessas situações adversas. Se não for assim, qualquer alvoroço que se forme pode prejudicar-lhe seriamente.

ANO DO COELHO
Um ano agradável. Cheio de paz, suavidade e equilíbrio, o ano do Coelho lhe presume um relaxamento espiritual fortalecedor, apesar da correria e do esgotamento físico. Encontrará amor e ternura na família. As relações com os companheiros também serão cordiais e construtivas.

ANO DO DRAGÃO
Um ano difícil. Não será bom nem profissionalmente nem nos negócios. Seus esforços para evitar os problemas de saúde serão inúteis. As más línguas e a inveja de colegas lhe causarão muito desgosto. Até o meio do ano a situação vai melhorar. As relações no trabalho serão normalizadas. Essa tendência de melhora da situação continuará até o final do ano, quando terá boas surpresas.

ANO DA SERPENTE
Um ano fluido. Vai correr sem muitas novidades. Apesar de não conseguir êxitos deslumbrantes, ao menos não será nada mal. Funcionará bem o seu negócio ou se superará profissionalmente. Terá tempo para meditar sobre seu próprio passado e projetar o seu futuro. Pode tropeçar com uns amores repentinos que surgirão em sua vida afetiva.

ANO DO CAVALO
Um ano agradável. Você vai e vem sem parar, ocupado nos negócios ou no trabalho, dos quais consegue notáveis resultados. Alguns problemas de saúde e uns contratempos de certas questões pendentes lhe causarão aborrecimentos e preocupações passageiras. Nesse ano convém frear um pouco o andar da

carruagem e recuperar sua característica serenidade para evitar trabalhos inúteis.

ANO DA CABRA
Um ano de repouso. Sem resultados animadores nem conflitos graves, o ano da Cabra será relaxado, propício para o descanso. Terá tempo de estreitar suas relações de amizade ou travar mais contatos para facilitar o seu trabalho futuramente. Terá pequenos contratempos familiares e de saúde que não mudarão a tônica geral de sossego. Sentirá falta de um pouco mais de calor e amparo.

ANO DO MACACO
Um ano solidário. Nos momentos mais críticos contará com ajuda e apoio para o que for necessário. Os amigos se portarão admiravelmente. É possível que se envolva sem querer em alguns conflitos. Poderá sair ileso se recorrer à serenidade e inteligência próprias de sua personalidade. Ficará definitivamente em uma posição neutra, apesar de alguns fatores lhe empurrarem poderosamente ao compromisso.

ANO DO GALO
Um ano benéfico. O Galo é um bom aliado porque lhe traz a boa estrela da sorte. Sem se esforçar muito poderá conseguir nesse ano resultados inesperados. Será promovido e apreciado amplamente, graças à sua abnegação e inteligência. Irá se sentir feliz com a família e realizado profissionalmente. Gozará de excelente saúde e equilíbrio emocional.

ANO DO CÃO
Um ano de boas conjunturas. O Cão lhe oferecerá numerosas oportunidades de desenvolvimento e superação pessoal. Mas lhe pedirá mais fidelidade e valentia. Criará novos projetos de expansão porque o ano lhe convidará a abrir novas empresas. Terá de viajar com certa frequência e convidar alguns sócios ou amigos. Fique atento com certas emboscadas: roubo, enfermidade ou discussões desagradáveis.

ANO DO PORCO
Um ano agitado. Terá uma carga de trabalho pesada que não lhe deixará um minuto para respirar. Mas infelizmente não conseguirá nenhum resultado. O estresse o deixará tenso e nervoso. Perceberão o seu gênio difícil e seu desespero. Cometerá erros e equívocos, que poderão atrapalhá-lo, inclusive em disputas jurídicas. Convém lidar com calma o acúmulo de trabalho, estabelecendo uma escala de urgência segundo a importância dos casos. Não deverá jamais baixar a guarda diante de certas questões.

A PESSOA DE SERPENTE NO AMOR

SERPENTE E RATO
Um casal invejável. Unidos por um grande amor, são movidos por ideais materialistas e compartilham ambições em comum por lucro e um maior bem-estar. Apesar do contraste de seu caráter, admiram as virtudes um do outro e toleram os defeitos. Dividem bem as tarefas: a mulher de Rato cuida da casa, e o homem de Serpente trabalha fora. A perspicácia dos dois permite-lhes ganhar um bom dinheiro, suficiente para levarem uma vida cômoda e sem preocupações. Em suas relações afetivas se sentem satisfeitos, pois ela é sensual e se excita com a sedução dele. Têm um lar cheio de carinho e desfrutam intensamente dos prazeres carnais.

SERPENTE E BOI
Um casal sólido. Essa união lhes proporciona uma grande segurança e confiança mútuas. Os dois são prudentes, sensatos, dignos e estáveis. A inteligência da mulher de Serpente encontra um aliado na ordem do homem de Boi. Cuidam-se, protegem-se e se amam de maneira desprendida. Apesar de caseiros, não se deixam escravizar pelos afazeres domésticos. Tratam de manter um bom nível de sua vida social, que os alivia e os fortalece.

SERPENTE E TIGRE
Um casal conflituoso. Os dois são desconfiados, egoístas, ciumentos e intolerantes. A falta de compreensão leva-os a se fixar

nos respectivos defeitos: a mulher de Serpente detesta a extravagância, a ferocidade e a dolorosa franqueza do homem de Tigre, enquanto ele odeia a reticência, a frieza e as ambições dela. Irritam-se nas frequentes e virulentas discussões, amenizadas só momentaneamente pela rotina dos atos sexuais. É evidente que lhes falta um amor profundo e desprendido.

SERPENTE E COELHO
Um casal apaixonado. Desfrutam da vida com bom gosto e distinção. Ambos são inteligentes, cultos, amantes do conforto e aficionados pelas artes. O denominador comum de sua intelectualidade permite-lhes muita ternura e tranquilidade em um eterno romance. Sabem perdoar os defeitos um do outro com total respeito. Mostram-se muito solidários nos momentos de adversidade. Amam-se profundamente e se apoiam em tudo. Terão um orçamento folgado e um lar confortável.

SERPENTE E DRAGÃO
Um casal desigual. O marido de Serpente é possessivo, mas não o bastante para dominar a mulher de Dragão, orgulhosa e rebelde. Nem o feitiço, nem a astúcia, nem a elegância da mulher de Serpente servem para cativar o homem de Dragão, que é movido pela ambição e pelos impulsos vitais. Precisam de novos laços de união para consolidar suas relações afetivas. As virtudes de ambos se combinam e podem formar um casal singular por sua inteligência, talento e força.

SERPENTE E SERPENTE
Um casal em comum. Têm tantos aspectos em comum que se entendem sem necessidade de palavras. Compartilham das mesmas ambições e pecam pelos mesmos defeitos. Mantêm-se unidos, entrelaçados, ávidos de magnetismo e prazer. A inveja e os ciúmes são os piores inimigos de sua união. Se puderem evitá-los, serão mais felizes em sua aliança. Desfrutarão de infinito amor e constante solidariedade. Serão um casal forte e encantador.

SERPENTE E CAVALO
Um casal em desacordo. Pelo fato de serem diferentes em quase tudo, passam por contínuos atritos. O marido de Serpente odeia o espírito aventureiro, o materialismo e a ânsia por conforto da mulher de Cavalo. Do mesmo modo, ela fica incomodada com a excessiva frieza, meticulosidade e cafonice dele. São distantes em suas relações afetivas. A falta de carinho e emoção faz que a convivência seja monótona e pouco afetuosa.

SERPENTE E CABRA
Um casal artístico. Desfrutam intensamente do gosto em comum por arte e literatura. Mas o marido de Serpente, absorvido em sua luta por suas ambições, não pode oferecer à mulher de Cabra toda a ternura e dedicação de que ela precisa por natureza. Para compensar a frustração sentimental dela, o homem de Serpente deveria sair de suas intermináveis reflexões filosóficas, para dar mais atenção à sua mulher e o mesmo encanto que a seduziu durante o namoro.

SERPENTE E MACACO
Um casal inteligente. A união de duas pessoas inteligentes, cultas e talentosas fortalece-as no campo profissional. Mas a marcante diferença temperamental pode levá-las a uma incompatibilidade no dia a dia. A pessoa de Serpente é rancorosa com as brincadeiras e artimanhas da pessoa de Macaco, enquanto esta não se entrega de maneira desprendida àquela.

SERPENTE E GALO
Um casal cúmplice. Sabem se coordenar magistralmente para alcançar um objetivo em comum. O defeito de um pode ser justamente a virtude do outro. De qualquer modo, têm em comum a ambição pelo poder e dinheiro. São igualmente felizes emocional e sexualmente. Ambos estão satisfeitos em sua vida afetiva e se sentem realizados no campo profissional.

SERPENTE E CÃO
Um casal de pessoas diferentes, mas feliz. Divergem na visão de mundo e no modo de ser, mas são felizes. A fidelidade e a ternu-

ra da mulher de Cão consolidam seus vínculos afetivos e freiam os instintos de Don Juan do homem de Serpente, mantendo-o sob controle. Os dois são conscientes de que o equilíbrio da família está baseado em concessões recíprocas.

SERPENTE E PORCO
Um casal de pessoas que não se compreendem. São muito diferentes em seu modo de ser e em seu mundo interior. Apesar de a mulher de Porco esforçar-se em encurtar as distâncias entre seu realismo, simplicidade, docilidade e inocência, e o idealismo, elegância, arrogância e complexidade mental de seu marido de Serpente, os resultados são desanimadores. Por isso sente-se desolada e muito ferida pela pouca compreensão de seu amado.

CAVALO

CARACTERÍSTICAS FUNDAMENTAIS

Pronúncia em chinês	Ma
Nº de ordem no Zodíaco chinês	Sétimo
Horas que rege	11 – 13
Direção do seu signo	Diretamente ao Sul
Estação e mês que domina	Verão – junho
Elemento fixo	Fogo
Tronco	Yang (positivo)

TABELA DE CORRESPONDÊNCIAS COM O CALENDÁRIO CRISTÃO

Desde	Até	Elemento	Aspecto
25.1.1906	12.2.1907	Fogo	Yang
11.2.1918	31.1.1919	Terra	Yang
30.1.1930	16.2.1931	Metal	Yang
15.2.1942	4.2.1943	Água	Yang
3.2.1954	23.1.1955	Madeira	Yang
21.1.1966	8.2.1967	Fogo	Yang
7.2.1978	27.1.1979	Terra	Yang
27.1.1990	14.2.1991	Metal	Yang
12.2.2002	31.1.2003	Água	Yang
31.1.2014	18.2.2015	Madeira	Yang

O CAVALO

Animal de carga, meio de transporte, elemento de guerra, símbolo de riqueza e orgulho dos competidores de hipismo, o cavalo tem sido durante milhares de anos descrito, louvado e adorado, inspirando múltiplas manifestações literárias e artísticas na poesia, prosa, pintura, escultura e artesanato.

Na tumba do primeiro imperador chinês (século III a.C.) foi desenterrado um impressionante exército de argila, composto por 6 mil figuras de cavalos e guerreiros, de tamanho natural. Trata-se do descobrimento arqueológico mais importante desse século, considerado geralmente como a "Oitava Maravilha do Mundo".

Os cavalos de cerâmica de "Três Cores" da dinastia Tang (séculos VI a X) são uma verdadeira mostra de esplendor artístico dos séculos de ouro da história da China.

A fixação pelo cavalo que cultivavam os imperadores e a nobreza inspirou um esforço contínuo pela busca e seleção dos melhores exemplares. Como consequência, ao longo da história da China, junto aos cavalos de pura raça, surgiram também grandes conhecedores do tema do hipismo. O mestre mais consagrado é Bo Yue, que podia distinguir na manada aqueles que podiam correr mais de mil quilômetros em um só dia. Graças a ele, muitos cavalos nobres foram descobertos. Este feito é frequentemente utilizado na China para se referir à importância de ter alguém que saiba apreciar os verdadeiros talentos. As pessoas costumam dizer: "Não é que faltam bons cavalos, simplesmente não há quem os descubra".

O cavalo tem servido também de referência para esclarecer concepções filosóficas sobre a dialética, tal como se manifesta no conto sobre um velho pastor:

Vivia no norte do país um pastor velho e sábio. Um dia comunicaram-lhe que na noite anterior havia fugido um cavalo seu. Os vizinhos correram para consolá-lo. Mas o velho, em vez de se mostrar preocupado, disse-lhes com tranquilidade: "Possivelmente isto traga sorte". Realmente, poucos dias depois o cavalo perdido regressou, trazendo vários outros cavalos com ele.

Quando os vizinhos ficaram sabendo e vieram felicitá-lo pelo inesperado enriquecimento, o velho mostrou-se triste: "Talvez isto seja o prenúncio de uma desgraça". Efetivamente, pouco tempo depois sucedeu algo que confirmou seu pressentimento: seu filho caiu de um dos novos cavalos, sofrendo uma fratura na perna. Os vizinhos vieram outra vez para consolá-lo, e o velho disse-lhes, com um largo sorriso no rosto: "Possivelmente isto traga sorte". Uns meses depois eclodiu a guerra, todos os jovens foram recrutados e mandados para a linha de frente. A maioria morreu no campo de batalha e nenhum regressou para casa. Só pôde deixar o seu filho no povoado por causa de sua invalidez.

A atitude dialética que o velho adota diante da sorte e do infortúnio tem ensinado ao povo chinês durante 2 mil anos a formar uma concepção filosófica da vida.

Segundo a tradição, 6 de janeiro do calendário lunar é o "Dia do Cavalo", no qual as pessoas estudam os fenômenos meteorológicos para predizerem se o próximo ano é benéfico para o cavalo. Na Região Autônoma da Mongólia Interior, no final de agosto, celebra-se todos os anos animadas Festas do Cavalo, nas quais nunca faltam corridas de cavalo. Os assistentes vêm a cavalo, tomam chá com leite de égua, falam sobre o animal, compram ou vendem algum exemplar e finalmente saem marchando a cavalo.

O ANO DO CAVALO

O ano do cavalo significa para todos vigor e dinamismo. É um ano carregado de sucessos espontâneos, românticos e aventureiros. Sentirá que seus passos são mais ligeiros e que está mais otimista com a vida.

Nesse ano surgirão oportunidades para seu desenvolvimento profissional ou em sua vida afetiva. Terá muita agitação no trabalho, nos negócios, no amor, na carreira, com os amigos, nos compromissos, na família, com os filhos etc., por isso convém encarar tudo com calma e não se cansar muito.

Será aberta uma nova perspectiva, pois sua mentalidade aberta e suas energias vitais criarão novas possibilidades. É um ano que o incita a ser mais sociável e a ter mais amigos, que se mostrarão solidários nos momentos de dificuldade. Ficará muito à vontade ao lado deles, falando de esporte, política ou sobre experiências pessoais, ou de quantos temas lhes interessar.

É um ano em que a economia tem uma importância notável, com um grande desenvolvimento na indústria e no setor de serviços. Por outro lado, a política e a diplomacia parecem estar estagnadas em um processo de evolução que não é fácil de superar.

No ano do Cavalo são celebradas luxuosas festas, datas comemorativas, jantares, comidas, conversas, reuniões etc. A vida pública ostenta uma efervescência fora do comum. Nessas circunstâncias de regozijo e de gozo materialista, convém evitar todo tipo de excessos, como a gula e a luxúria.

A PERSONALIDADE DA PESSOA DE CAVALO

O cavalo é amigo do homem. Seu corpo vigoroso e sua força avassaladora sempre nos impressionam. Trota, cavalga, faz piruetas, dá coices ou relincha. Sua orgulhosa imagem fica gravada em nossa cabeça.

A pessoa que nasce sob esse signo adquire a vitalidade do cavalo. É dinâmica, vigorosa e propensa à ação. Gosta de praticar esportes, fazer excursões ou longas viagens. Será torcedora de algum grande time e participará de quantas competições puder. É possível notar sua compleição atlética de longe, por sua habilidade, sua reação rápida e sua silhueta exuberante.

É aberta e expressiva. Gosta de se comunicar com as pessoas, demonstrando grande desembaraço e naturalidade por conta do caráter espontâneo, aberto e liberal de sua personalidade. Nunca esconde uma frase ou juízo por escrúpulo, pois diz tudo o que pensa e, além disso, diz precipitadamente. Talvez com muita franqueza e espontaneidade, já que sua opinião fere muitas vezes o amor-próprio de muita gente.

É elegante por natureza. Os homens de Cavalo ostentam um aspecto viril, elegante e robusto, enquanto as mulheres desse signo são atrativas, *sexy* e espontâneas. Gostam de moda, roupas de marca e acessórios que realçam sua vitalidade e exuberância. O estilo esportivo parece o mais adequado para destacar sua orgulhosa elegância.

Otimista, despreocupada, liberal e indisciplinada, a pessoa de Cavalo luta contra a repressão moral. É rebelde quando criança e aventureira em sua juventude. Adora as atividades recreativas e as grandes festas. Desfruta intensamente dos bate-papos entre amigos, das brincadeiras e piadas de todos os tipos. Odeia a hipocrisia, o conservadorismo e todos os valores canônicos da velha moral.

É o rei dos prazeres terrenos, que não requerem muita espiritualidade; enquanto nos temas da filosofia, arqueologia e linguística, sua pobreza e precariedade de conhecimentos são bastante evidentes.

Em seu mundo interior parece que não tem muito espaço para a mesquinhez, inveja e artimanhas. Tampouco é inclinada a tramar más intenções ou complôs sórdidos. Seu desinteresse pelo poder e riqueza faz que passe olimpicamente à frente de temas tão alienantes e nocivos. Precisa, desde logo, de certa folga econômica, que lhe permita ter pequenos caprichos, mas carece definitivamente de ambição por dinheiro. Sua atitude é verdadeiramente digna e elegante diante da miséria embaraçosa da maioria dos seres humanos.

Não é uma pessoa apaixonada por política, aborrecem-na as histórias de intrigas palacianas e maquiavélicas. Crê que a política é um jogo sujo, uma manobra essencial de traição aos interesses do povo. Suas críticas contra a corrupção são categóricas e impiedosas, mas sem muitos detalhes nem histórias. Professa um humanismo por excelência, postulando pelo bem-estar geral para todas as raças e classes. No aspecto da moral, defende a liberdade total e a expressão fluida da personalidade.

Ao contrário da pessoa de Serpente, que tem como virtude a serenidade, a pessoa de Cavalo é de sangue quente, impulsiva e temperamental. Excede-se diante de qualquer humilhação, dando coices para combater a agressão. Tem um espírito intrépido e desenfreado, que a incita a realizar aventuras, desafiando os riscos que isso traz. Não gosta de evitar uma responsabilidade que deveria assumir. Recua quando precisa dar a cara à tapa ou assumir um compromisso. Em qualquer momento tem uma atitude clara e definida.

É sociável e tem o dom de se dar bem com as pessoas. É muito fácil para ela iniciar uma amizade e andar juntos por um tempo. Mas não é constante, e escolhe rigorosamente seu círculo de amigos. É fiel, atenta, extrovertida, confidente, grata, generosa, boa anfitriã e agradável convidada. É uma estrela nas reuniões graças à sua naturalidade, graça, bom humor e riso contagioso.

É uma autêntica apaixonada. Considera o amor como a última essência da vida. Quando se apaixona, derrete toda a altivez e seriedade de sua personalidade, convertendo-se em um mundo de ternura, afeto e paixão. Pelo amor está disposta a qualquer sacrifício e risco. Tem um coração fiel, generoso e solidário para a pessoa amada. Suas emoções são enérgicas, expressivas e avassaladoras. O homem de Cavalo não é caseiro, porque considera um castigo ter de se fechar em casa para os afazeres domésticos. Gosta da rua, do campo livre, dos amigos e conversas. A mulher de Cavalo é mais pacata e entretida com a família.

Com os filhos, o homem de Cavalo é liberal, protetor, enérgico e carinhoso. Brinca muito com eles e gosta de levá-los para perto da natureza. Para ele, não há nada melhor do que o frescor das montanhas verdes e dos bosques frondosos. Cuida dos filhos com zelo, sem consentimento nem mimo algum, para fazê-los independentes o mais rápido possível. Em alguns momentos é impaciente, dando-lhes uma educação defasada e pedindo-lhes o que é impossível para a sua tenra idade.

O homem de Cavalo peca por instabilidade e falta de constância. Não pode ficar concentrado durante muito tempo porque se distrai facilmente. Seu excepcional dinamismo impede-o de se fixar e se prender a um trabalho disciplinado. Acostumado a movimentos, mudanças e novidades, é versátil, temperamental e inclusive oportunista por comodidade. Seu mundo interior experimenta às vezes mudanças muito sutis que causam altos e baixos psíquicos.

Prefere o movimento no lugar da meditação racional, de modo que seu comportamento esconde fortes contradições e fatores ilógicos. A falta de constância torna impossível concluir muitos projetos iniciados. O homem de Cavalo nunca para a fim de refletir. Sua filosofia encontra-se no movimento constante, em uma cavalgada sem fim.

Rebelde por natureza, não se resigna a nenhum tipo de imposição. Os conselhos, críticas e persuasões não lhe agradam muito. Só o instinto e a vocação o movem. Nunca age ditado por uma ordem arbitrária, nem respeita horário ou regulamentos. É precipitado, impaciente e explosivo. Seus ataques são violentos e exagerados.

O CAVALO E OS CINCO ELEMENTOS

CAVALO DE METAL (nascidos em 1930 e 1990)
Uma pessoa apaixonada. O Metal faz dela uma pessoa valente, firme, orgulhosa, indócil, indomável e voluntariosa. É indisciplinada e rebelde contra todo tipo de repressão. Não permite que a privem de sua liberdade com o pretexto de uma melhor organização. Obstinada em manter seus critérios, trabalha com fervor quando a apreciam e lhe dão liberdade de trabalho. Do contrário, prefere ficar de lado, observando. Amante do movimento e de novas experiências, não se acostuma à vida sedentária. Tem um forte caráter independente e escapa de qualquer forma de escravidão.

Pode passar alguns anos de penúria, mas não lhe faltará dinheiro para seu conforto e pequenos caprichos. É generosa e resolvida. Evita quem faz tempestade em um copo d'água por algumas ninharias. Sua grande realização na vida é o amor. Sedutora que conta com um feitiço excepcional, quando se apaixona demonstra verdadeira paixão. A fraqueza mais evidente de sua personalidade é o fato de ser inconstante e volúvel.

CAVALO DE ÁGUA (nascidos em 1942 e 2002)
Uma pessoa instável. A estabilidade não é uma virtude própria do homem de Cavalo. Com a influência desse elemento

mutável e instável, a pessoa do Cavalo de Água peca por uma instabilidade de temperamento muito enfática. Quando está à vontade, é agradável, gentil e prestativa. Mas qualquer detalhe que fira sua sensibilidade pode fazer mudar seu caráter dramaticamente. Não aceita ter uma vida sedentária de forma alguma. Viaja com frequência, por prazer e por necessidade vital, ávida por novas experiências e novos horizontes. É mais inteligente do que os outros do signo de Cavalo. Em muitas circunstâncias demonstra uma lucidez deslumbrante. Contudo, sua inconstância caprichosa impede-a de conseguir o sucesso total. Seu dom de se comunicar e de sociabilidade são recursos eficazes para alcançar seu objetivo, pois sabe mobilizar os amigos e as pessoas que a seguem para que trabalhem em seu benefício.

CAVALO DE MADEIRA (nascidos em 1954 e 2014)
Uma pessoa nobre. Tem um grande espírito de colaboração. É uma companheira ideal para o trabalho em equipe: generosa, atenta, nobre, trabalhadora e ousada. Sua nobreza manifesta-se intensamente na vida social, na qual é elegante, desprendida e leal. É infatigável no trabalho, compassiva com os humildes, otimista nas situações difíceis e competente no trabalho, o que lhe dá um grande carisma e facilidade de ganhar o apreço das pessoas. De raciocínio lógico, sua presença supõe clareza conceitual e atitude definida. Amante da vida, desfruta do amor com imaginação. Adora as festas e os bate-papos, mas nunca desrespeita os princípios da moral e da ética. Gosta de falar muito, com especial desenvoltura sobre temas comuns como esporte, vida pública, cinema, experiências pessoais ou alheias, viagens etc. Não possui um grande interesse por política, muito menos é fanática por religião. Os defeitos dessa pessoa de Cavalo são a impaciência e a precipitação. É preciso que seja mais prudente no dia a dia e na conquista amorosa.

CAVALO DE FOGO (nascidos em 1906 e 1966)
Uma pessoa apaixonada. De caráter indomável, altiva e colérica, essa pessoa representa a confluência das energias positivas (o *Yang*) e a força destruidora do Fogo. É impulsiva, rebelde, arbi-

trária e irritável. Não se submete a nenhum tipo de repressão. Odeia a rotina, a repetição, o convencionalismo e a tradição. Busca sempre novas experiências e amizades. Rápida como um gato, impaciente e ansiosa como um tigre, vive tudo intensamente. É competente no trabalho, exigente com os companheiros e rebelde com o superior. Não gosta de aceitar a opinião alheia; ao contrário, é imponente e repressora para que respeitem seus critérios. Sua autêntica realização está nas viagens e no amor. Prefere privar-se dos caprichos cotidianos para poder viajar a lugares exóticos. Gosta mais de lugares frios do que quentes. Mas gosta da água refrescante da praia ou dos rios e lagos, que a tranquilizam. Possessiva, ardente e ciumenta no amor, busca sempre o êxtase mais intenso nos delírios do prazer.

CAVALO DE TERRA (nascidos em 1918 e 1978)
Uma pessoa prudente. Os dotes realistas que o elemento Terra lhe confere combinam positivamente com as características do signo de Cavalo. É alegre, sociável, amistosa, otimista, infatigável e, principalmente, prudente. Controla perfeitamente os instintos impulsivos, sendo prudente ao tomar qualquer decisão importante. Essa virtude permite-lhe alcançar ótimos resultados em seus esforços. Profundamente realista e sem nenhuma propensão a ideias desajuizadas, seus propósitos são racionais e práticos, que se ajustam às suas possibilidades. Lamentavelmente, essa pessoa de Cavalo não é tão dinâmica em suas ações como as outras do mesmo signo. Age assim por sensatez e serenidade, e também por refletir sobre todos os fatores que incidem sobre o assunto. Prefere tomar um pouco mais de tempo para o planejamento que sacrificar o desenvolvimento do que foi planejado. É a pessoa de Cavalo que mais se conforma com o sedentarismo, apesar de ser fascinada por viagens e novas experiências.

O CAVALO E SEUS ASCENDENTES

A hora e o lugar de nascimento influenciam em nossa personalidade. O denominado ascendente refere-se ao signo astrológico que nasce no leste no momento do nosso nascimento.

Cada animal do Zodíaco chinês domina duas horas. Isto determina a influência de determinado signo no modo de agir e sentir de uma pessoa.

CAVALO COM ASCENDENTE EM RATO (das 23h à 1h)
Sem diminuir a sociabilidade e a graça, o Rato, que é o signo de quem é poupador, inspira-lhe certa seriedade no manejo do dinheiro, fazendo prescindir de alguns gastos desnecessários. Inteligente, amistosa, dinâmica, trabalhadora e perspicaz, a pessoa de Cavalo com ascendente em Rato tem um feitiço irresistível.

CAVALO COM ASCENDENTE EM BOI (da 1h às 3h)
O Boi estabiliza seu instinto errante e temperamental. Não deixa de ser alegre, despreocupada, elegante e conservadora, mas se apega a sólidos princípios morais e éticos. É madura, metódica e organizada. Quando se apaixona por alguém é para toda a vida.

CAVALO COM ASCENDENTE EM TIGRE (das 3h às 5h)
Com a audácia do Tigre, a pessoa nascida sob esse astro é excepcionalmente ousada. Desafia as tarefas mais arriscadas com naturalidade. É entusiasmada, compassiva e desconfiada. Sua vida emocional está marcada por uma paixão imponente e poderosa.

CAVALO COM ASCENDENTE EM COELHO (das 5h às 7h)
Com a assimilação das virtudes do Coelho, esse ser de Cavalo converte-se em um príncipe: culto, elegante, altivo, refinado, vigoroso, pacífico, gentil, valente, sensual e requintado. Essa combinação exerce um encanto irresistível.

CAVALO COM ASCENDENTE EM DRAGÃO (das 7h às 9h)
As ambições e ideais nobres do signo de Dragão lhe enaltecem o espírito e a ética, mantendo-a longe dos prazeres mundanos. Interessa-se pelos problemas sociais e políticos. É fascinada pela vida pública, a qual dedica muito tempo. Rebelde, impaciente e muito pouco caseira, essa pessoa é um exemplo estonteante da característica geral da espécie.

CAVALO COM ASCENDENTE EM SERPENTE (das 9h às 11h)
A serenidade e sabedoria da Serpente combinam com a energia e o entusiasmo do signo de Cavalo, fazendo-a invencível nas conquistas mais inacreditáveis. Seus galopes vigorosos são avassaladores. A magia, o feitiço e o encanto convertem-na em uma sedutora infalível.

CAVALO COM ASCENDENTE EM CAVALO (das 11h às 13h)
A união de dois signos equinos reforça todas as qualidades e defeitos da espécie hípica. É altiva, elegante, sociável, ostentadora, convencida, melindrosa, sedutora, instável, mimada e inconstante.

CAVALO COM ASCENDENTE EM CABRA (das 13h às 15h)
A delicadeza e a ternura do signo de Cabra suavizam consideravelmente a bravura e a violência impulsiva do signo de Cavalo. Tem dotes artísticos e uma forte dose de sentimentalismo. Às vezes fica melancólica durante o intervalo de suas sucessivas andanças.

CAVALO COM ASCENDENTE EM MACACO (das 15h às 17h)
As qualidades do signo de Macaco reforçam a agilidade e a graça dessa pessoa, contribuindo com mais destreza, inteligência e perspicácia. Tem imensos dotes intelectuais e um corpo de atleta. Mas é vaidosa e um pouco convencida.

CAVALO COM ASCENDENTE EM GALO (das 17h às 19h)
A personalidade melindrosa e briguenta do signo de Galo muda sua atitude despreocupada diante da vida, fazendo-a focar em interesses materiais. Por outro lado, a ética e a eficiência do Galo infundem-lhe mais responsabilidade e melhor rendimento no trabalho.

CAVALO COM ASCENDENTE EM CÃO (das 19h às 21h)
A incidência do Cão na personalidade do signo de Cavalo contribui decididamente ao caráter generoso, fiel, confiante e justo

dessa pessoa. De mentalidade prática, é lúcida, hipersensível, segura e impaciente.

CAVALO COM ASCENDENTE EM PORCO (das 21h às 23h)
A pessoa do signo de Porco é prestativa, tolerante e realista, qualidades que combinam com as do signo de Cavalo. Desse modo, a elegância e a dignidade próprias do signo são reforçadas pela sensualidade do signo de Porco. Resulta em uma pessoa sincera, honesta, complacente e sedutora.

COMO A PESSOA DE CAVALO PASSA OS OUTROS ANOS DO ZODÍACO CHINÊS?

ANO DO RATO
É um ano que se inicia com certos problemas econômicos, que serão resolvidos paulatinamente ao longo do ano graças ao esforço de poupar e administrar bem o orçamento. O homem de Cavalo desfrutará mais do lar, da esposa e da família. Não que tenha mudado o costume de sair com os amigos. Só terá os convites bastante reduzidos. Irá sentir-se incômodo e acanhado.

ANO DO BOI
É um ano em que o homem de Cavalo mudará alguns hábitos em sua vida, assumindo mais responsabilidade e mais seriedade no trabalho. Irá se afastar um pouco dos amigos e se dedicará mais ao lar. Surgirão alguns problemas relacionados aos filhos, que infelizmente serão graves. O homem de Cavalo se sentirá mais seguro de si mesmo e do futuro porque abandonará a atitude excessivamente liberal e mostrará um maior apego aos valores estabelecidos.

ANO DO TIGRE
Esse signo lhe traz alegrias e tristezas. Por um lado, conseguirá um substancial avanço em seu desenvolvimento profissional e conhecerá novos amigos; por outro, aumentarão consideravelmente os gastos que castigarão severamente seu orçamento.

Terá atritos no âmbito profissional, e inclusive familiar, que lhe provocarão uma tristeza profunda.

ANO DO COELHO
Será um ano próspero, cheio de oportunidades e de resultados alentadores. Terá sorte no trabalho, na família e com os amigos, inclusive nos planos arriscados de conquistas econômicas e sentimentais. Saberá resolver os delicados problemas de sua vida com tato e diplomacia. Desaparecerão os obstáculos e maus agouros.

ANO DO DRAGÃO
Viverá um ano instável, de turbulência social e de fenômenos imprevisíveis, que poderão levá-lo a uma situação-limite. Sua capacidade intelectual e resistência física sofrerão maiores desafios. Estará diante de uma crise, da qual se livrará graças ao seu otimismo e suas energias. A boa pontaria de seus atos lhe conduzirá a uma perspectiva mais alentadora.

ANO DA SERPENTE
Um ano em que a serenidade e a sabedoria da Serpente lhe apoiarão muito bem na energia e na ação. Os resultados serão muito positivos, apesar dos muitos problemas que terá de enfrentar. Terá sorte no amor, pois o encanto de seus feitiços e a sua elegância lhe permitirão encontrar um verdadeiro amor.

ANO DO CAVALO
É um ano em que tudo lhe sairá bem sem se esforçar tanto. Conhecerá amigos muito interessantes e passará maravilhosamente por festas e viagens. Terá pleno gozo dos sentidos e uma gloriosa conquista amorosa. Sofrerá alguns transtornos de saúde pelo seu ritmo de vida frenético. É preciso que freie todos os excessos e que leve uma vida menos agitada.

ANO DA CABRA
O signo de Cabra recupera a normalidade da vida e cultiva o seu gosto por artes elitistas que desconhecia quase por completo. Irá a recitais de música e a exposições de arte moderna. Irá

se sensibilizar mais com o infortúnio e aflição da população sofrida. Fará menos viagens, o que permitirá desfrutar um pouco mais da ternura da família.

ANO DO MACACO
Um ano bom em que terá gratas surpresas: promoção, uma entrada de dinheiro extraordinária, viagens gratificantes, amor inesperado, recuperação de um objeto extraviado etc. Contudo, nunca é demais um pouco de precaução. Um antigo filósofo chinês, Lao-Tsé, disse acertadamente: "A felicidade suprema é o início de uma desgraça".

ANO DO GALO
O signo de Galo lhe trará alguns desgostos no trabalho e na família, pois, nos atritos e discussões que terá, sua agressividade verbal e teimosia farão você perder o apreço dos companheiros. Ficará frustrada em alguns momentos e perderá o habitual otimismo.

ANO DO CÃO
Será bom para alcançar o máximo progresso em sua carreira, obtendo bons resultados em exames, concursos ou negócios. Terá uns compromissos judiciais ou brigas familiares, os quais resolverá dignamente com a solidariedade dos amigos mais leais.

ANO DO PORCO
Tropeçará em uma série de obstáculos para desenvolver seu projeto: na burocracia, na falta dos amigos, na oposição da família, na objeção do chefe, na falta de recursos etc. A isso serão somados outros fatores negativos que lhe complicarão ainda mais o panorama: enfermidade, acidentes, roubo ou alguma outra desgraça que a afetará seriamente.

A PESSOA DE CAVALO NO AMOR

CAVALO E RATO
Um casal instável. O marido de Cavalo pede independência e liberdade. Considera uma espécie de escravidão estar atado à

família e aos afazeres domésticos. A esposa de Rato desdobra-se para ter um lar terno e organizado, mas está desiludida com o pouco apego do marido ao lar, que só o desfruta com os amigos frívolos. A disparidade de personalidades cria uma distância cada vez maior em sua vida afetiva, agravada pelo egoísmo e brutalidade dele. Por outro lado, o excessivo empenho da mulher de Rato em poupar o orçamento doméstico e em sua vida sexual tira do sério o homem de Cavalo. As frequentes discussões e desespero criam uma instabilidade em sua convivência e poderão levá-los a uma situação-limite.

CAVALO E BOI
Um casal de personalidades contrastantes. Enfrentam-se pelo contraste de seu temperamento: a mulher de Boi é ordenada, reticente e conservadora, enquanto o marido de Cavalo é precipitado, desenfreado e liberal. Ela se sentirá desolada por não encontrar nele um respaldo solidário nem um espírito sério e realista; ao mesmo tempo que este também lamenta o precário senso de humor dela. A convivência proporciona-lhes pouca alegria e muitos atritos. Irão se dar conta da falta de um comum entendimento e um maior grau de compreensão e concessão. Seu excessivo senso de independência afeta-lhes seriamente as relações afetivas. O carinho mútuo se reduz devido à intransigência diária.

CAVALO E TIGRE
Um casal maravilhoso. Irão se sentir orgulhosos um do outro. Laços afetivos e traços em comum os unem fortemente: o entusiasmo, a vitalidade e a elegância. O homem de Cavalo se sente atraído pela nobreza e encanto da mulher de Tigre, e esta admira a honestidade, o porte e o senso de humor daquele. Compartilham amplamente a mesma visão de mundo, assumem com otimismo e valentia qualquer risco e adversidade. O homem de Cavalo procura uma entrada de dinheiro estável para permitir-lhes uma folga econômica. A mulher de Tigre corresponde a esse esforço, administrando o lar como mãe carinhosa e esposa afetuosa. Amam-se profundamente e fazem o possível para intensificar o prazer em seu relacionamento.

CAVALO E COELHO

Um casal insatisfeito. O homem de Cavalo aprende pouco dos bons modos e da astúcia da mulher de Coelho, que não pode compartilhar nem um pouco das frivolidades ingratas de seu marido. Cada um se fecha em seu mundo, mantendo seus hábitos e caprichos. Apesar de respeitarem a independência um do outro, sofrem no íntimo pela falta de uma relação mais afetuosa. A insatisfação vem, principalmente, da excessiva esperança que depositam um no outro e da pouca correspondência mútua que recebem. A mulher de Coelho não suporta a instabilidade emocional do homem de Cavalo, enquanto este detesta a hipocrisia daquela. Precisam de mais imaginação para que seus contatos físicos não caiam em uma monotonia angustiante.

CAVALO E DRAGÃO

Um casal turbulento. Ambos são independentes, extrovertidos e enérgicos. Sentem-se mais bem realizados em sua vida pública ou entre amigos que em sua própria casa. Consideram a família um estorvo para seus ideais ambiciosos e para sua visão de mundo despreocupada. Nenhum dá o braço a torcer ao outro. Desse modo, surgem frequentes lutas desgastantes por liberdade e independência. O lar é para eles algo pesado e muito pouco agradável. Quando estão na rua ficam muito contentes e felizes, mas ao chegar em casa se estressam e se sentem presos. O homem de Cavalo tenta em vão convencer a mulher de Dragão que sua obrigação é cuidar da casa, mas a mulher de Dragão recusa redondamente porque é feminista por excelência. E, como resultado, a convivência torna-se uma sequência de turbulências.

CAVALO E SERPENTE

Um casal frágil. A união entre esses signos de personalidades tão diferentes cria sérios problemas de convivência: o homem de Cavalo não compreende a frieza e indiferença da mulher de Serpente, enquanto esta despreza a superficialidade e ostentação estúpida do homem de Cavalo. Os respectivos encantos que os uniram perdem seu magnetismo quase completamente, ficando só uma vaga lembrança em seus esporádicos contatos sexuais. A mulher de Serpente anseia ter um marido com gostos mais refinados e não tão brutal como o homem de Cavalo. Este sente-se insatisfeito pela escassa compreensão de sua mulher, a quem acredita que falta entusiasmo, ação e solidariedade. Precisam fazer mais concessões e menos exigências para se manter unidos.

CAVALO E CAVALO
Um casal desequilibrado. Se tivessem nascido em meses e estações diferentes, poderiam levar uma convivência distinta. De qualquer modo, a união de duas pessoas que levam o mesmo signo traz, por um lado, intensos prazeres por gostos e hábitos em comum e, por outro, deixa descuidados alguns aspectos tão importantes de sua vida a dois como o cuidado com o lar e os afazeres domésticos. Se sentem felizes viajando, na vida pública ou entre amigos. Mas como nenhum dos dois quer submeter-se à escravidão doméstica, surgem os desgostos por conta da rotina ou por conta dos filhos. Precisam normalizar o relacionamento a fim de alcançarem um acordo que os deixe independentes e ao mesmo tempo comprometidos com as responsabilidades indispensáveis.

CAVALO E CABRA
Um casal feliz. A mulher de Cabra é terna, sensível, delicada e misericordiosa, características que se complementam maravilhosamente com as qualidades do homem de Cavalo: o otimismo, a generosidade, o bom humor e a simpatia. Vivem felizes em um ambiente de compreensão e tolerância. A mulher de Cabra sente-se segura com o respaldo espiritual do homem de Cavalo, a quem lhe oferece seu terno afeto e um lar confortável, sem que afete muito o egoísmo de seu marido. O marido de Cavalo, por sua vez, esforça-se para ser compreensivo com sua mulher, aprovando os seus pequenos caprichos e seu delicado gosto pessoal. Em sua vida íntima, o homem de Cavalo porta-se como um príncipe, terno, viril e elegante, e a mulher de Cabra é imaginativa, doce e complacente. Às vezes, o delírio leva-os ao reino dos prazeres.

CAVALO E MACACO
Um casal otimista. A habilidade e a veia satírica da mulher de Macaco podem inclinar a balança matrimonial a seu favor, fazendo que o marido de Cavalo obedeça suas ordens e trabalhe para seu prazer e comodidade. O homem de Cavalo tenta assegurar a independência, mantendo seus hábitos sociais e os caprichos da ostentação. Sua convivência está carregada de jogos inventivos de desobediência e de graça humorística. Apesar de tudo, são tão inteligentes que mantêm à risca as malícias para que o matrimônio não corra nenhum risco. O mais positivo dessa união consiste no otimismo, que é o denominador comum de sua personalidade. Podem enjoar de vez em quando, mas nunca serão pessimistas com a perspectiva do matrimônio. Seguirão tendo desgostos, mas também seguirão se amando com intensidade.

CAVALO E GALO
Um casal sob o pacto pela paz. O marido de Cavalo é sociável, generoso e gracioso, mas deixa pela metade muitos projetos esplendidamente iniciados. A mulher de Galo é convencida, melindrosa e eficiente, e termina os trabalhos interrompidos com sacrifício e seriedade. Mas não para de criticar a irresponsabilidade de seu marido, até que este, cansado de tanta falação, sai para a rua a fim de relaxar. Na volta contará causos à esposa de Galo para se reconciliar e também para que respire um pouco. No fundo, a mulher de Galo precisa de um marido cavalheiro como este e se sente intimamente satisfeita. O homem de Cavalo deixa-lhe tomar as rédeas do orçamento familiar e da vida afetiva, desde que respeite sua liberdade de ir se encontrar com os amigos. A esposa de Galo só exige uma condição: "Nada de beijos e histórias de namoricos".

CAVALO E CÃO
Um casal duradouro. Ambos são abertos, vigorosos e honestos. Sua união lhes trará prazer e satisfação. Apesar da instabilidade do homem de Cavalo, a mulher de Cão o adora com carinho e fidelidade, pois admira a elegância e perspicácia do marido.

A este lhe encanta a lucidez e opinião acertada de sua amada, sem se importar com a grosseria e vulgaridade que às vezes aparecem em seu comportamento. Sabem combater a monotonia da vida conjugal com imaginação e senso prático. Saem de viagem com regularidade, fazem excursões, mudam a decoração ou comem alguma vez fora de casa etc. Também são abertos para aprender uma nova técnica sexual ou acrescentar algum erotismo poético aos seus atos.

CAVALO E PORCO
Um casal que faz concessões. A mulher de Porco é dócil, dedicada e complacente: tolera o egocentrismo do homem de Cavalo. Acompanha-o muito bem nos bons momentos e nos maus com diligência. O homem admira o realismo e o caráter submisso de sua mulher, a quem trata de corresponder com muita ternura e amor. O homem de Cavalo trabalha com entusiasmo, mas às vezes tropeça em alguma dificuldade ou fracassa e perde diante de um competidor. A mulher de Porco nunca o reprova por isso, tratando de aliviar sua aflição com conselhos resignados. Durante alguns anos, a mulher angustia-se pelo despotismo de seu marido, mas não diminui o seu profundo amor por este, que se dará conta, no final, que tem uma companheira de luxo. Com exceção das más fases, desfrutam do leito de amor como fonte de energia vital. Terão numerosos filhos.

CABRA

CARACTERÍSTICAS FUNDAMENTAIS

Pronúncia em chinês	Yang
Nº de ordem no Zodíaco chinês	Oitavo
Horas que rege	13 – 15
Direção do seu signo	Sul / Sudoeste
Estação e mês que domina	Verão – julho
Elemento fixo	Fogo
Tronco Yin (negativo)	Yin (negativo)

TABELA DE CORRESPONDÊNCIAS COM O CALENDÁRIO CRISTÃO

Desde	Até	Elemento	Aspecto
13.2.1907	1º.2.1908	Fogo	Yin
1º.2.1919	19.2.1920	Terra	Yin
17.2.1931	5.2.1932	Metal	Yin
5.2.1943	24.1.1944	Água	Yin
24.1.1955	11.2.1956	Madeira	Yin
9.2.1967	29.1.1968	Fogo	Yin
28.1.1979	15.2.1980	Terra	Yin
15.2.1991	3.2.1992	Metal	Yin
1º.2.2003	21.1.2004	Água	Yin
19.2.2015	7.2.2016	Madeira	Yin

A CABRA

A Cabra é o animal mais terno dentro do Zodíaco chinês. Seu aspecto frágil e ameno inspira desejos de proteção. Na tradição chinesa, a cabra é o símbolo da bondade, da ternura e do amor filial.

Infelizmente, sua vulnerabilidade, timidez e submissão diante da prepotência convertem-na em um bode expiatório, recebendo acusações falsas por delitos alheios. Na China, a expressão "bode expiatório" tem outro sentido, talvez mais explícito: "O cordeiro dos pecados alheios", que significa exatamente o mesmo.

O signo de Cabra é *Yin* (negativo), um aspecto mais apropriado para a mulher que para o homem. Seus atributos são bem mais femininos. Não representa a energia, a generosidade ou a virilidade; mas a ternura, a delicadeza, a beleza e o refinamento.

Na China, esse animal é bastante popular, não só porque serve para fazer os deliciosos "cozidos a mongol" (uma espécie de *Bun Dui* chinês), mas porque denomina uma boa quantidade de cidades e povos, como a populosa e próspera Cantão, ao sul da China, chamada de "A cidade da cabra", na qual o monumento mais representativo é conhecido como "As Cinco Cabras".

O ANO DA CABRA

Após o ano vigoroso do Cavalo, o signo de Cabra vem-nos trazer a paz, o repouso, a harmonia e a boa vizinhança. É cultivado o gosto pela arte e estética. É um ano propício para realizar viagens culturais, iniciar amores românticos, adquirir objetos antigos ou estudar artes. A única coisa com que é preciso ter cuidado é o descontrole do orçamento para evitar consequências desagradáveis.

A veemência com que se empreendiam as causas nos outros anos é substituída pela harmonia e pela sensibilidade artística. A evolução da situação acontece mais lenta e racionalmente, sem processos dramáticos que forçam o desenvolvimento natural das coisas.

No ano da Cabra deterioram-se o espírito materialista e a ambição política. Pelo contrário, são ressaltados a discrição e os valores tradicionais como o amor, a família e a bondade. Possivelmente, alguns se sensibilizem muito com coisas triviais, ficando sentimentais ao transpor a tragicomédia das telenovelas ao âmbito da vida real. De qualquer modo, a Cabra nos inspira a ternura e o refinamento.

É um ano que pede para nos esforçarmos pela estabilidade social, pela solução dos conflitos e adoção de uma política pacifista. Sob o signo de Cabra se apaziguam muitas brigas intermináveis, lutas sangrentas e rivalidades prolongadas. Por outro lado, são estimuladas as relações de coexistência pacífica no plano internacional. A tirania entre as relações humanas também é reduzida consideravelmente. No seu lugar, são implantadas a amizade e a harmonia em nossas relações com as pessoas.

A PERSONALIDADE DA PESSOA DE CABRA

A Cabra é o signo mais terno do Zodíaco chinês. Seu aspecto doce e refinado inspira cordialidade e harmonia. Os nascidos nos anos da Cabra têm um coração de "Buda misericordioso", por serem afáveis, compassivos e bondosos. Têm nervos delicados e se afligem diante de qualquer infortúnio, próprio ou alheio.

Sem grandes aspirações espirituais, mas com um gosto refinado, a pessoa de Cabra tem extraordinários dotes artísticos. É elegante e estética com a decoração, as cores e a aparência. Especialmente quando se trata da mulher de Cabra, que demonstra uma incomum elegância na forma de se vestir, no perfume, no penteado e em muitos outros detalhes que servem para destacar sua feminilidade. Dedica muito tempo se maquiando e nos cuidados pessoais, dando sempre um toque de frescor juvenil à aparência.

A pessoa de Cabra não é materialista. Prefere conformar-se com o essencial na vida que se sacrificar por dinheiro. Desfruta do ócio e da harmonia como nenhum outro signo do Zodíaco. De fato, tem a sorte de nunca lhe faltar teto, comida e roupa lavada. Tal é a sua fragilidade e dependência que sempre inspira desejos de proteção e ajuda. Há uma grande possibilidade de ganhar uma bolsa de estudos, beneficiar-se da ajuda de algum fundo ou se casar com alguém que a financie ou a proteja generosamente. Os talentos artísticos, a despreocupação pelo material e o dom do ócio fazem que algumas pessoas de Cabra convertam-se em autênticas boêmias.

Sensível, insegura e frágil, a pessoa de Cabra busca fechar-se em um mundo harmonioso e equilibrado. É sentimental e melancólica. Fica triste quando se sente só e abandonada. Tem uma concepção pessimista do futuro, não trabalha por uma perspectiva distante, trata de viver e desfrutar o que permite o presente. É hipersensível com o trato que recebe, uma pequena impertinência ou um comentário áspero são para ela golpes contundentes que poderão causar graves feridas na alma. Inclusive quando o agressor esqueceu-a completamente, ela ainda não se recuperou do impacto.

É terna e naturalista. Gosta dos animais, das plantas e da natureza. Quando viaja, sempre busca lugares arborizados e tranquilos. Não participa nunca de aventuras ou acampamentos em terras rochosas ou áridas. É de caráter submisso e pacífico, aceita com facilidade as desculpas e é muita propensa a perdoar. É raro que demonstre uma rebeldia audaciosa para afrontar o despotismo e a opressão. É uma perfeita reconciliadora de conflitos devido a seu caráter pacifista e coração bondoso.

Quando está interessada em algo, nunca o consegue por força ou mediante pressão: tem um procedimento muito mais sutil e estratégico, que às vezes consegue convencer o ser mais insistente. Para evitar algum compromisso indesejável, não o rechaça redondamente. Busca mil pretextos, dando muitas voltas para evitá-lo. A falta de franqueza e seu modo indireto de fazer as coisas devem-se ao seu caráter inseguro e permissivo. Por sua falta de segurança, exige que lhe manifestem explicitamente que estão de acordo, conformados, com o que o que ela expôs.

A pessoa de Cabra é sociável enquanto a respeitam plenamente. Sua personalidade requer a companhia de uma pessoa forte, extrovertida e apaixonada, que a anime, proteja-a e a mime. Se dá particularmente bem com o signo de Cavalo, pois este é animado, enérgico, idealista e apaixonado. Pode ter uma convivência equilibrada com os signos de Serpente, Dragão, Macaco e Galo.

Não gosta de falar muito, e menos ainda de protagonizar a conversa. É uma excelente ouvinte e espectadora, com critérios originais e refinados. Respeita a independência dos demais, é muito tolerante e sempre busca uma convivência pacífica.

É muito difícil que a pessoa de Cabra se submeta a uma disciplina rigorosa ou que respeite um horário rígido. É competente só naqueles trabalhos que ela tem vocação e que não supõem nenhuma espécie de escravidão. Quando trabalha por necessidade, precisa ser controlada por um superior inflexível ou uma secretária muito exigente para que seja eficiente. Tem extrema habilidade em trabalhos manuais e é a melhor candidata para trabalhos artísticos e artesanais. Igualmente serve para ser operadora de algum tipo de máquina altamente qualificado.

Não tem aspirações ambiciosas para escalar posições, muito menos sonha com imensas propriedades materiais. É mais inclinada a se fechar em seu mundo sentimentalista cheio de gozos dos sentidos. Seu coração não tem espaço para a maldade. Pelo contrário, é um grande abrigo de caprichos e sutilezas sentimentais. É generosa e não economiza os gastos, por isso sua economia apresenta um déficit frequente.

É muito fiel no amor. Entrega-se toda em troca de confiança e proteção. É uma amante carinhosa e bondosa. A mulher de Cabra é a mais feminina e atraente de todos os signos do Zodíaco. Precisa de um companheiro compreensivo, aberto, terno e protetor para se sentir segura e feliz. Como resposta, irá dar-lhe mil ternuras e uma liberdade total.

Com os filhos é paciente, permissiva e liberal. Nunca recorre a meios repressores para obrigá-los a aceitar suas ordens. Ensina a eles passo a passo suas habilidades, educando-os no asseio pessoal, nos bons modos e nas virtudes estéticas.

A CABRA E OS CINCO ELEMENTOS

CABRA DE METAL (nascidos em 1931 e 1991)
Uma artista. Muito confiante em si mesma, tem um alto grau de amor-próprio. Gosta de exibir sua habilidade e elegância. O Me-

tal aumenta seus critérios estéticos, dando-lhe o dom artístico. A decoração de sua casa e o cuidado com a aparência são em si uma obra de arte. Tem sorte com o dinheiro, mas não quer se arriscar investindo-o em algum negócio: guarda-o para garantir seu futuro. É sociável, mas seleciona seus amigos. Só aqueles que lhe podem ajudar em algo são aceitos para entrar em seu mundo. Irritável, invejosa e egoísta, seu caráter é instável e um pouco pessimista, apesar de tentar dissimulá-lo.

CABRA DE ÁGUA (nascidos em 1943 e 2003)
Uma pessoa clarividente. Sua atração e lucidez fazem que não lhe faltem protetores e seguidores. Em qualquer momento que precisa de ajuda, sempre aparecem várias ofertas solidárias. É comunicativa e gosta de falar. Mas não demonstra possuir um horizonte muito amplo de conhecimentos. Normalmente dependente e submissa, chega a tomar uma atitude rebelde com a influência da Água indomável. É resignada, adapta-se facilmente às mudanças positivas que supõem maior comodidade e bem-estar em sua vida. Não anda sozinha, nem se aventura em nada se não está rodeada de seguidores. Maneja a arte de pôr em jogo a iniciativa de seus admiradores em seu próprio benefício. Na maioria dos casos, é dependente e se deixa direcionar com docilidade.

CABRA DE MADEIRA (nascidos em 1955 e 2015)
Uma pessoa criativa. A Madeira enfatiza a originalidade e o espírito criativo que caracterizam sua personalidade. É ativa, hábil, persistente e séria, qualidades que lhe permitem uma constante superação profissional. Respeitosa com os valores ético-morais ortodoxos, tem um comportamento generoso, nobre, prestativo e muito digno. Detesta a frivolidade e o egoísmo. Disputa sempre, mediante qualquer sacrifício, pelas pessoas que ama. Misericordiosa e compassiva, ajuda os desafortunados como pode. Apesar de consciente de seu valor, recusa tomar lideranças ou protagonizar sucessos: conforma-se com papéis secundários. Sua nobreza e bondade recebem também retribuições:

quando se encontra em apuros, recebe todo tipo de ajuda e manifestações de solidariedade.

CABRA DE FOGO (nascidos em 1907 e 1967)
Uma pessoa valorosa. O Fogo dá-lhe audácia e confiança em si mesma. É enérgica, irritadiça e eficiente. Demonstra paixão no que faz, mas não sabe trabalhar a fundo, por isso seus esforços param no superficial e sua criatividade artística não chega à essência. Criada desde pequena com certo conforto, anseia estabelecer seu próprio ninho de alegria e estabilidade. Às vezes dá de encontro com alguns problemas financeiros por conta de alguns caprichos caros. É elegante, pura e apaixonada, inclusive um pouco agressiva quando a tratam com injustiça. Apesar de ser um pouco insegura, seu temperamento intempestivo pode levá-la a realizar rebeliões audaciosas.

CABRA DE TERRA (nascidos em 1919 e 1979)
Uma pessoa espontânea. O elemento Terra dá realismo e seriedade à sua personalidade. Sabe equilibrar seus desejos com a realidade, sem chegar nunca aos extremos: quer ser independente e desfrutar de plena liberdade, mas nunca sacrifica a estabilidade da família. Sendo generosa, nunca esbanja, e é firme nos gastos. É séria trabalhando, conservadora nos gostos e racional em sua conduta. Gosta de estar com os amigos, com quem é extrovertida, animada e flexível, sempre disposta a colaborar ou ajudar com o que puder. Nervosa e contrária às críticas, defende-se energicamente, justificando o lícito e também o ilícito de seu comportamento.

A CABRA E SEUS ASCENDENTES

A hora e o lugar de nascimento influenciam em nossa personalidade. O denominado ascendente refere-se ao signo astrológico que nasce no leste no momento do nosso nascimento. Cada animal do Zodíaco chinês domina duas horas. Isto determina a influência de determinado signo no modo de agir e sentir de uma pessoa.

CABRA COM ASCENDENTE EM RATO (das 23h à 1h)
O Rato reforça sua agilidade, sua sensibilidade e sua independência. Será otimista, caprichosa, imaginativa e muito *sexy*. Terá um mundo afetivo cheio de carinho: a família, o amado, os filhos e o lar constituem os pilares de sua existência.

CABRA COM ASCENDENTE EM BOI (da 1h às 3h)
Essa combinação cria uma dualidade em sua personalidade: será terna, caprichosa e elegante, mas ao mesmo tempo teimosa, responsável e conservadora. Será incansável no trabalho, organizada nos planejamentos e segura no amor.

CABRA COM ASCENDENTE EM TIGRE (das 3h às 5h)
A influência do Tigre faz que essa pessoa seja criativa, inquieta, vivaz e intempestiva. Terá um comportamento irritadiço e altivo, que a incita a intermináveis esforços de renovação. É elegante e moderna, segue a moda com verdadeiro interesse. Caprichosa e melancólica, sente-se frustrada quando falha na primeira tentativa.

CABRA COM ASCENDENTE EM COELHO (das 5h às 7h)
As virtudes do signo de Coelho criam uma personalidade multifacetada para essa pessoa: inteligente, diplomática, eficiente, ponderada, terna e compassiva. Sobressai-se dos outros do signo de Cabra por sua qualidade profissional. É pacifista, dá-se muito bem com a família, companheiros e amigos. Carente de força e artimanhas, tem um coração bondoso e terno.

CABRA COM ASCENDENTE EM DRAGÃO (das 7h às 9h)
A combinação de Dragão e Cabra é muito positiva porque diminui a insegurança da pessoa de Cabra, injetando-lhe valor e ambição. Será extrovertida, aberta, valorosa e melindrosa. Não se conforma com a vida tranquila em seu pequeno mundo, participa ativamente das atividades políticas e sociais, colocando muito empenho para que se realizem suas aspirações.

CABRA COM ASCENDENTE EM SERPENTE (das 9h às 11h)
Com a incorporação das características da Serpente em sua personalidade, essa pessoa será inteligente, confiante, calculista e muito competente. Tem objetivos muito claros, e para atingi-los recorre ao feitiço de sua atração física e sutileza emocional. Encantadora e serena, tem muitos admiradores.

CABRA COM ASCENDENTE EM CAVALO (das 11h às 13h)
O caráter dinâmico e gentil do signo de Cavalo faz que essa pessoa seja aberta, elegante, ostentadora e liberal. Desprende-se de sua excessiva preocupação com o lar e busca se exibir ao mundo, complicando a vida com aventuras sentimentais. Administra mal seu orçamento e é caprichosa com os gastos, por isso no final não conseguirá saldar as contas.

CABRA COM ASCENDENTE EM CABRA (das 13h às 15h)
A duplicação desse signo reforça todas as características psicológicas da espécie: dependente, submissa, vacilante, terna, aficionada em arte, refinada e elegante. Buscará pessoas que lhe protejam, econômica e espiritualmente. Desfrutará da vida sem ter de suar tanto.

CABRA COM ASCENDENTE EM MACACO (das 15h às 17h)
O dinamismo do signo de Macaco neutraliza a passividade dessa pessoa, incrementando consideravelmente sua lucidez. Será perspicaz, simpática e vivaz. Sua extrema destreza manual associa-se com a habilidade mental, dando-lhe mais confiança em si mesma. Vaidosa, zombará da lentidão das pessoas de outros signos.

CABRA COM ASCENDENTE EM GALO (das 17h às 19h)
A eficiência e a rapidez mental do signo de Galo diminui a dependência dessa pessoa. Desfrutará do dia a dia com imaginação. Será idealista, grandiloquente e sensata. Será exigente e ranzinza com os costumes e comportamentos, tratando de implantar uns critérios essencialmente conservadores e moralistas.

CABRA COM ASCENDENTE EM CÃO (das 19h às 21h)
A perspicácia, força e realismo do signo de Cão consolida enormemente a personalidade dessa pessoa. Será ativa, lúcida e resolvida. Não cairá facilmente em sentimentalismos. Muito fiel ao amor e à amizade, estará sempre disposta a dar generosas mostras de desprendimento e sacrifício. Será lúcida e atenta, com brilhantes dotes artísticos, o que a converte em uma extraordinária candidata a postos diretivos em museus, bibliotecas, galerias de arte ou antiquários.

CABRA COM ASCENDENTE EM PORCO (das 21h às 23h)
O otimismo do signo de Porco suaviza sua propensão à melancolia, o que a ajuda a superar os baques psíquicos com certa facilidade. Será elegante nos gostos, mas simples no dia a dia. Muito gentil e afetuosa, atenderá generosamente aos amigos. Sensual e atraente, tem um encanto irresistível. Caseira e boa amante, levará uma intensa vida afetiva.

COMO A PESSOA DE CABRA PASSA OS OUTROS ANOS DO ZODÍACO CHINÊS?

ANO DO RATO
Um ano particularmente bom para a pessoa de Cabra. Conseguirá certo dinheiro imprevisto procedente de algum jogo, ajuda, bolsa de estudos ou amigo rico. Terá oportunidades de ouro nos negócios. Na família reinará a tranquilidade e a paz. Um ano sem problemas delicados de nenhuma espécie. Terá uma boa saúde.

ANO DO BOI
Um ano de "vacas magras". Surgirão gastos imprevistos, brigas na justiça e mal-entendidos. Por mais que trabalhe, os resultados não serão satisfatórios. Alguns problemas você mesma criará por causa de sua teimosia e conservadorismo.

ANO DO TIGRE
Um ano em que se mesclam a felicidade e o sofrimento. Terá bastante equilíbrio e ternura na família, mas surgirá uma tensão

nas relações de trabalho ou com os amigos. Terá uma carga agonizante de trabalho e muitos problemas delicados de se resolver. Precisará de mais prudência e tato, em vez de impulsos racionais, para superar a crise.

ANO DO COELHO
Um ano pacífico. Poderá resolver todos os problemas no trabalho que vêm se arrastando há tempos. Normalizará suas relações com os amigos. Buscará oportunidades para uma melhor realização profissional e um melhor rendimento financeiro. Terá pequenos problemas de saúde e desilusões que não afetarão o andar da carruagem.

ANO DO DRAGÃO
Para a pessoa de Cabra, o signo de Dragão supõe excitação e correria. Viverá mudanças importantes que transtornarão a tranquilidade de sua vida. Participará com mais interesse de atividades sociais, das quais experimentará grande satisfação e se sentirá melhor realizada. Terá mais garra para enfrentar os desafios da vida.

ANO DA SERPENTE
É um ano proveitoso. Será mais ativa, poderá melhorar muito sua situação. Ocorrerá tudo bem no amor e no trabalho. Receberá a ajuda de uma pessoa influente. A única coisa com que precisará ter cuidado é evitar que seus pontos vulneráveis façam-na perder a boa situação.

ANO DO CAVALO
Um ano tranquilo, com certa prosperidade. Tanto no plano familiar como no profissional, não encontrará maiores obstáculos. Terá recursos suficientes para superar as dificuldades que surgirem. Fará várias viagens e participará de festas solenes ao longo do ano. Sairá muito com os amigos.

ANO DA CABRA
Seu próprio signo não lhe trará muita sorte. O ano iniciará com perspectiva de prosperidade, mas surgirão logo muitos contra-

tempos e infelizes coincidências que frustrarão seus projetos. Sua insegurança e teimosia lhe farão perder boas oportunidades. É preciso ter muita precaução com os próprios defeitos para evitar incidentes na evolução da situação.

ANO DO MACACO
Um bom ano. Voltarão a surgir oportunidades, com bons sinais. Só é uma questão de agarrá-las para tirar o máximo de proveito. Terá uma mentalidade mais arejada e otimista que lhe permitirá evitar complicações. Desfrutará de boa saúde e muito amor.

ANO DO GALO
Um ano conflituoso lhe espera. A fantasia idealista característica do signo de Galo a fará criticar audaciosamente tudo o que pareça ruim para você. Surgirá então uma tensão em sua família e nas relações com as pessoas. Como é sensível, a insolência e a agressividade dos demais lhe afetarão profundamente.

ANO DO CÃO
Um ano complicado em que terá de enfrentar uma série de assuntos desagradáveis: endividamento, brigas na família, crise de confiança, recessão no negócio ou má sorte nas viagens. Sua visão de mundo existencialista a deixará mais aflita com o infortúnio, de modo que é aconselhável que seja otimista e tome muito cuidado para evitar uma forte depressão.

ANO DO PORCO
Um ano de recuperação. Sob o signo de Porco as coisas se estabilizam e volta a implantar-se o equilíbrio econômico e afetivo. Apesar de continuar a ter falta de confiança no trabalho, o lar se tornará um refúgio cheio de ternura e sensualidade. Desfrutará da vida afetiva como nunca.

A PESSOA DE CABRA NO AMOR

CABRA E RATO
Um casal conflituoso. Os poucos pontos afins não lhe servirão para manter a estabilidade da união. A mulher de Rato se quei-

xará dos caprichos e do esbanjamento do homem de Cabra, que arruína o orçamento doméstico; o homem de Cabra não tolera o materialismo e a ambição dela. Vão se desafiar, desprezarão um ao outro e brigarão. Não falam a mesma língua e sua visão de mundo está a milhares de quilômetros de distância. Sua convivência é um deserto de carinho e amor autêntico.

CABRA E BOI
Um casal que precisa fazer concessões mútuas. É a união entre um artista boêmio com uma mulher organizada e inflexível. A sua visão de mundo e jeito de ser são muito contrastantes. Serão obrigados a ser tolerantes com os caprichos e manias um do outro. Pode ser encontrada no amor uma solução das contradições entre a inspiração e a metodologia, os caprichos e a disciplina, o sentimentalismo e a racionalidade. Poderão viver em paz com muita ternura.

CABRA E TIGRE
Um casal de futuro incerto. A mulher de Cabra é caseira, terna e submissa. Precisa de muita compreensão e carinho. Contudo, sente-se desolada com o comportamento arrogante e intempestivo do homem de Tigre. Ficam em constante discórdia porque a fera destrói-lhes a tranquilidade de sua vida com total tirania. A mulher de Cabra é muito frágil para controlar os arrogantes abusos do rei da selva. O desenlace lógico será a separação, a não ser que se controlem eficientemente e se esforcem por uma maior compreensão e respeito.

CABRA E COELHO
Um casal feliz que se ama. A união entre as pessoas de Cabra e Coelho é muito positiva, pois suas virtudes se complementam. O homem de Coelho é terno, inteligente, ponderado e muito capaz. Empenha-se para que a mulher de Cabra desenvolva seu talento artístico nas melhores condições. Quando esta se aflige, o homem sempre levanta seu ânimo com argumentos otimistas. Admiram-se e se prezam. Estão estreitamente unidos por um amor sólido que lhes acompanhará para o restante da vida.

CABRA E DRAGÃO
Um casal com possibilidade de êxito. Não é uma união frequente, mas é possível que convivam com muito amor. Há um encantamento recíproco na aliança entre a ternura terrena e a ambição celestial. Atraem-se poderosamente pela magia do amor, mas a mulher de Cabra é muito tímida para acompanhar o homem de Dragão em seus planos de aventura. Se a mulher lhe der plena liberdade para suas andanças, assumindo os afazeres domésticos, essa união pode perdurar muitos anos graças ao apreço mútuo das respectivas qualidades.

CABRA E SERPENTE
Um casal nada terno. Com um pouco de esforço, podem ter uma convivência aceitável, pois, de qualquer modo, estão unidos por gostos em comum: a elegância e a estética. Contudo, é uma convivência árdua pela falta de harmonia e carinho. A mulher de Serpente é fria, desconfiada e egoísta, sem nenhuma demonstração de calor humano ou generosidade. O homem de Cabra precisa contar com ela somente para a superação profissional. Menos mal que conta com a sabedoria e serenidade da mulher de Serpente. Sua vida afetiva está marcada por um feitiço momentâneo e uma sexualidade inconsistente.

CABRA E CAVALO
Um casal de plena liberdade individual. O caráter caseiro e pacato da mulher de Cabra supõe um sólido respaldo de recursos para que o homem de Cavalo tenha as rédeas soltas em suas relações públicas e andanças pelo mundo. O otimismo e a elegância do homem de Cavalo dissipam as sombras pessimistas no mundo interior da mulher de Cabra. E esta, sendo ciumenta e possessiva, concede-lhe plena liberdade para o que queira fazer, assim o controla eficientemente. Graças a essa dialética, essa união pode ser sólida e duradoura.

CABRA E CABRA
Um casal de virtudes e defeitos em comum. Essa união de dois artistas indisciplinados e refinados precisa de um respaldo eco-

nômico para satisfazer seus caprichos. Como carecem de ambições materiais desmedidas, desfrutam de uma vida caseira séria e da arte. São compassivos e tolerantes, não se mortificam com a ausência de luxo e glória. Se persistirem com seus esforços de superação, algum dia terão gratas surpresas diante de uma mudança positiva no rumo de sua vida. Sem luxúria, delírio ou êxtase, sua vida afetiva está impregnada de ternura.

CABRA E MACACO
Um casal que precisa reajustar seu equilíbrio. Apaixonam-se por causa do feitiço e equilíbrio do encanto físico e intelectual. Mas a paixão que os uniu foi efêmera, já que se dissipou quando enfrentaram a vida cotidiana. Para a mulher de Cabra, o homem de Macaco é muito complicado e vaidoso. Não pode oferecer um carinho constante a ela. A mulher de Macaco tampouco está satisfeita com a insegurança e a dependência do homem de Cabra. Gostaria de ter um marido mais sólido e empenhado, que execute os planos e estratégias que ela mesma traça, trabalhando infatigavelmente para o bem-estar dos dois. Precisam reajustar suas relações de vez em quando para evitar consequências desagradáveis.

CABRA E GALO
Um casal que se complementa. A união de um boêmio indisciplinado com dotes artísticos com uma mulher responsável com ilusões na vida cotidiana não deixa de ser positiva. Não importa que a caprichosa pessoa de Cabra se feche em seu mundo sentimentalista: o otimismo da pessoa de Galo a fará voltar à realidade. A pessoa de Cabra tem a virtude de aceitar com submissão as pesadas críticas da pessoa de Galo, isso para continuar dependendo de sua grande capacidade de trabalho e gestão da casa. Não é uma aliança ideal, mas podem levá-la adiante sem complicações.

CABRA E CÃO
Um casal cuja sorte depende da mulher. O êxito dessa união dependerá da pessoa de Cão. Por conta da falta de segurança e

disciplina da pessoa de Cabra, a pessoa de Cão precisa assumir uma maior responsabilidade e ser suficientemente firme e generosa, o que não é nada difícil para ela. Séria, honrada, racional e sincera, é uma companheira ideal para a pessoa de Cabra. Naturalmente, a pessoa de Cabra terá de aguentar suas críticas ásperas e sua filosofia pessimista. A pessoa de Cão trata de suavizar a sua inerente franqueza porque poderia ferir a delicada estrutura nervosa da pessoa de Cabra. Está consciente de que não poderá depositar muita esperança nos talentos da refinada artista, pois não sabe quando esta poderá ser bancada em sua arte. Enquanto isso, precisa trabalhar o máximo possível para sustentar a família.

CABRA E PORCO
Um casal harmonioso. A esposa de Porco admira profundamente os dotes artísticos de seu marido, a quem apoia incondicionalmente. Graças à generosa ajuda da esposa de Porco, o homem de Cabra poderá alcançar um alto nível de superação profissional. Qualquer êxito que conseguir será atribuído à solidariedade dela. Respeitam um ao outro e se querem com muito carinho. O lar é seu ninho de amor e o centro de sua vida. A humildade, a tolerância e o senso realista da pessoa de Porco são decisivos para garantir uma convivência feliz com a pessoa de Cabra. Esta, ávida por carinho, encontra uma fonte inesgotável de ternura na sensualidade de sua companheira. Vão se queixar um do outro, mas saberão minimizar as queixas e dissolvê-las na imensa ternura que sentem.

MACACO

CARACTERÍSTICAS FUNDAMENTAIS

Pronúncia em chinês	Hou
Nº de ordem no Zodíaco chinês	Nono
Horas que rege	15 – 17
Direção do seu signo	Oeste / Sudeste
Estação e mês que domina	Verão – agosto
Elemento fixo	Metal
Tronco *Yang* (positivo)	*Yang* (positivo)

TABELA DE CORRESPONDÊNCIAS COM O CALENDÁRIO CRISTÃO

Desde	Até	Elemento	Aspecto
2.2.1908	21.1.1909	Terra	*Yang*
20.2.1920	7.2.1921	Metal	*Yang*
6.2.1932	25.1.1933	Água	*Yang*
25.1.1944	12.2.1945	Madeira	*Yang*
12.2.1956	30.1.1957	Fogo	*Yang*
30.1.1968	16.2.1969	Terra	*Yang*
16.2.1980	4.2.1981	Metal	*Yang*
4.2.1992	22.1.1993	Água	*Yang*
22.1.2004	8.2.2005	Madeira	*Yang*
8.2.2016	27.1.2017	Fogo	*Yang*

O MACACO

Na China, o Macaco é um signo venturoso, pois simboliza a inteligência, o engenho e a graça. É associado frequentemente aos inventores imaginativos, aos poetas improvisadores e aos estrategistas carismáticos. Esse animal chamativo não é concebido como um ser perfeito: tem defeitos e fraquezas como qualquer outro signo. Apesar disso, é carismático porque irradia a simpatia e a graça de sua personalidade. Nada é melhor que o incomparável exemplo do "Rei Macaco", protagonista de um romance clássico na China do tipo ficção científica, que narra uma expedição que um monge chinês realizou à Índia para trazer sutras budistas. Durante a longa e perigosa viagem sempre contou com a generosa proteção do Rei Macaco, que combatia os monstros e espíritos maus com um autêntico movimento de audácia e inteligência. Na China, essa personagem é tão conhecida e admirada como os Reis Magos na cultura cristã.

O ANO DO MACACO

Propício para o desenvolvimento de qualquer atividade, pressagiando êxito e felicidade, o ano do Macaco é bom para o espírito empresarial. O ativo Macaco inspira a imaginação, convida à participação e convoca a competência. Nos campos da política, economia, cultura e relações internacionais se produzem mudanças transcendentais e ocorrem importantes eventos. Proliferam os investimentos e a indústria, são realizadas grandes operações comerciais e se registram novos descobrimentos científicos e avanços técnicos que viram marcos históricos.

No ano do Macaco são apresentadas milhares de conjunturas para pôr em jogo a inteligência e a iniciativa. A passividade e a falta de imaginação são detestadas. Recorre-se a todos os meios possíveis, lícitos e ilícitos, para as oportunidades de ouro serem beneficiadas, sem se pensar nas consequências que poderão acarretar. A avidez pelo sucesso fulgurante é acompanhada pela falta de planejamento e o pouco escrúpulo de valores morais: a especulação, o tráfico de influência, a fraude fiscal, o plágio, os delitos penais, a promiscuidade e todos os demais excessos, vícios e caprichos emergem à superfície da corrente para provar a sorte.

É lógico que antes do fim do ano o peso da justiça terá pesado sobre os mais vaidosos e os mais desonestos. Os mais espertos conseguirão escapar momentaneamente, mas cairão mais cedo ou mais tarde inevitavelmente. Portanto, no ano do Macaco é preciso que se aja ativamente, mas com inteligência e honestidade, e sempre dentro dos trâmites da lei.

A PERSONALIDADE DA PESSOA DE MACACO

O Macaco é o animal que mais se parece com o homem dentro do Zodíaco chinês. É principalmente inteligente, consciente e capaz. Não se move só por instinto, mas tem motivações racionais. Curiosa, hábil, adaptável e ávida por conhecimento, a pessoa de Macaco tem a aptidão de entrar em qualquer domínio do saber humano ou exercer qualquer profissão, sendo uma boa cientista, técnica, ator/atriz, música, atleta, diplomata, advogada, professora, agente, linguista, política ou ativista social. Sua competência e habilidade nesses campos são indiscutíveis. Se a isso se soma um pouco de persistência e sacrifício, pode chegar a ser uma figura proeminente.

Sua inteligência manifesta-se, principalmente, em sua habilidade com a linguagem, seja oral ou escrita. Gosta de falar com as pessoas ou expressar seus critérios e sentimentos por meio da escrita. Suas interferências nas conversas são lúcidas, expressivas e brilhantes, pelas quais pretende demonstrar sua inteligência ou se autoafirmar. Quando tem facilidade de escrever e tempo para fazê-lo, também costuma ir bem.

Sua grande capacidade permite-lhe ser multifacetada e multidisciplinar. Aproveita cada minuto a fim de fazer o máximo para o tempo render, tanto para se superar profissionalmente, como para desfrutar do gozo dos sentidos. Não pode estar quieta, aborrecida ou contemplativa em nenhum momento, sempre está fazendo coisas. Ocupa-se de mil assuntos simultaneamente. É uma profissional competente, amiga confiável, pai/mãe generoso(a), dona de casa organizada, amante calorosa e filho(a) caprichoso(a), sempre. Além disso, desempenha plenamente todos esses papéis sem mediocridade alguma.

Confiante em sua própria capacidade e inteligência, tem convicção no que faz e no que pensa. Não se dobra diante das dificuldades, resiste às pressões e luta com tenacidade. Recorre a todos os meios possíveis e impossíveis para conseguir seus propósitos.

É moderna, liberal e um pouco vanguardista em seus critérios sobre arte e cultura. Desafia os valores tradicionais da ética e da moral, em defesa de uma mentalidade aberta e flexível que permita uma realização pessoal contínua. Defende energicamente suas ideias, tratando de transformar o homem e a sociedade com sua concepção de mundo. Tem muito interesse em saber os critérios alheios, mas é muito difícil que o convençam quanto a questões fundamentais, como a sua filosofia sobre a vida, o amor e a moral.

É vaidosa e grandiloquente, com um arraigado amor-próprio. Considera a si mesmo um gênio, nascida para tomar a liderança em todos os âmbitos nos quais se desenvolve. Sempre quer ser a primeira, ocupar uma posição proeminente, protagonizar os sucessos e conduzir as conversas. Adora ser admirada, querida e respeitada, fazendo o possível para que isso ocorra. Não pensa em desempenhar um papel secundário ou se conformar subordinada às ordens superiores. É egocêntrica, orgulhosa e caprichosa. Exige que se portem com cavalheirismo, mas toma a licença de cometer os caprichos mais irracionais.

Seu temperamento caracteriza-se pela instabilidade e inconstância. É efusiva e terna, transborda gentileza e graça quando está contente, mas em seguida pode ficar distante, seca e mal-educada. Sua inconstância faz que deixe pela metade muitas coisas iniciadas ou corte a amizade bruscamente quando perde o interesse.

Dotada de um grande senso de humor, sua presença imana graça e otimismo. É sociável, simpática, chamativa, sagaz e divertida. Faz graça com as conversas tediosas, deixa leve o ambiente pesado e encontra solução para os problemas delicados.

Tem um refinado senso de humor que lhe permite ter um papel ativo na vida social, aproximar-se de pessoas interessantes ou criar situações que a favoreçam. Sabe dominar muito bem as mudanças de humor de acordo com a pessoa e o objetivo que espera atingir.

Dentro do Zodíaco chinês, o Macaco não é um signo de generosidade, ainda que aparente ter essa virtude, mas por trás dessa fachada enganosa sempre se ocultam interesses egoístas. Nos negócios pode conceder uma parte de seus benefícios, vendendo-os mais baratos ou reduzindo sua participação nos lucros, mas essas mostras de "generosidade" obedecem a uma estratégia inteligente de vender mais e conseguir um maior benefício no futuro. Seus extraordinários dotes cerebrais a fazem planejar suas ações para alcançar um melhor resultado com o mínimo de esforço.

A pessoa de Macaco adora estar rodeada de amigos. A amizade é um pilar fundamental de sua filosofia de vida. É extremamente franca, inclusive um pouco dura, com seus amigos confidentes. Gosta de dar conselhos, fazendo que a escutem e a admirem. Sente como uma necessidade vital que a respeitem, aceitem-na e a mimem. É original e intuitiva em suas observações, que costumam ser acertadas e construtivas. Mas seus caprichos e atos imprevisíveis são obstáculos para o desenvolvimento de sua amizade, provocando mais de uma vez a ruptura e o distanciamento.

Possui uma forte libido. É atraente, sensual, chamativa e um pouco insinuante. Sabe manejar seu encanto físico e seu dom intelectual para enfeitiçar sua presa. Fica extremamente excitado com a elegância e a beleza do sexo oposto. É rápida em se apaixonar, mas perfeccionista e muito subjetiva na busca de seu autêntico amor. Sua versatilidade nesse campo faz que tenha vários encontros momentâneos antes de se encontrar com o amor de sua vida. Sua realização amorosa está na fantasia idealista de seu amado e no intenso delírio do prazer carnal.

Seu grande humanismo e ternura manifestam-se com ênfase em suas relações com as crianças, sendo uma protetora, amiga, educadora, ombro amigo e exemplo. Com seus próprios filhos é exigente e complacente ao mesmo tempo. Cuida deles até o último detalhe, permitindo pequenas travessuras, sem que escapem de seu controle. Conta a eles intermináveis histórias, aprendidas dos livros ou, na maioria das vezes, improvisadas de sua imaginação. Faz isso com propósitos docentes e educativos.

O MACACO E OS CINCO ELEMENTOS

MACACO DE METAL (nascidos em 1920 e 1980)
Uma pessoa ligada ao dinheiro. O elemento Metal determina a firmeza de sua vontade e a dureza de seu caráter. É particularmente apta para as gestões financeiras, por conta da lucidez e sagacidade que caracterizam sua personalidade. Sua cabeça funciona como uma organizadora de grande capacidade: é infalível e precisa. Tem especial habilidade em tirar o máximo de proveito de seu dinheiro. É calorosa, aberta, efusiva, ambiciosa e exigente. Desconfia da capacidade dos demais, com a pretensão de tomar a liderança em todos os âmbitos em que se desenvolve. É convencida e determinada, não perde oportunidade em demonstrar suas habilidades. Independente e egoísta, é infatigável no trabalho e ansiosa em triunfar.

MACACO DE ÁGUA (nascidos em 1932 e 1992)
Uma pessoa perspicaz. O elemento Água proporciona clareza em seus objetivos. Sabe dissimular suas verdadeiras intenções, cuja realização mobiliza todos os elementos. Utiliza mil argumentos para convencer os demais, colocando-os a serviço de sua estratégia. É persistente e flexível: se encontra obstáculos invencíveis, tem a habilidade de evitá-los no momento e logo reunir todas as forças possíveis para combatê-los. É confiante em si mesma e maneja magistralmente as relações humanas. Gosta de viajar, conhecer mundos exóticos e fazer amizades. É rápida em aprender e se adapta bem às mudanças. Tem concepções evolucionistas para interpretar os processos políticos e sociais. Suas fraquezas consistem no temperamento irritadiço e na falta de paciência e prudência quando circunstâncias adversas lhe cercam.

MACACO DE MADEIRA (nascidos em 1944 e 2004)
Uma pessoa ávida por conhecimento. Interessa-se pelas novidades e não se cansa de adquirir novos conhecimentos em um processo contínuo de aperfeiçoamento. É metódica, organizada e disciplinada, o que lhe permite se superar com ótimo rendimento. Dotada de um espírito colaborador, é sociável e simpática e muita adequada para trabalhar em equipe. Por sua inteligência e capacidade de trabalho, é possível que dirija um projeto importante ou seja executiva de algum cargo considerável. Detesta os atos licenciosos ou imorais, demonstrando bastante nobreza em seu comportamento político e social. Apesar de no fundo ser egoísta, cuida muito de sua imagem. Tem o defeito de ser precipitada e muita ambiciosa em suas aspirações.

MACACO DE FOGO (nascidos em 1956 e 2016)
Uma pessoa inteligente e convicta. Sua vida baseia-se essencialmente na inteligência e se caracteriza pela paixão. Independente, lúcida, comunicativa, refinada e caprichosa, tem brilhantes dotes intelectuais. É perfeccionista, minuciosa e paranoica, põe muita imaginação e empenho no que pensa e no que faz. A confiança na própria capacidade e a firmeza de sua vontade levam-na a se ocupar de uma grande variedade de atividades que realiza com alto nível. É convencida e individualista, quer estar rodeada por um séquito de admiradores. Adora tomar as rédeas da vida social, exercendo controle sobre os demais. É arbitrária, caprichosa, enérgica e desconfiada. Terá uma vida emocional instável por causa de sua vaidade descabida e empenho perfeccionista.

MACACO DE TERRA (nascidos em 1908 e 1968)
Uma pessoa realista. É moderada, séria, analítica e prática. O elemento Terra enfatiza sua estabilidade emocional. Demonstra grande capacidade de organização e atitude para os trabalhos financeiros e administrativos. É possível que não tenha recebido educação superior, mas não por isso deixa de ter um critério acertado e incisivo. É confiante, honesta e responsável, qualidades que a destacam como a melhor candidata para a direção de um projeto ou para a chefia de um departamento de finanças.

Tem grande fraqueza pelos elogios e ponderações positivas. Fica irritada quando seus méritos passam batidos pelos demais. Tem uma forte paixão pelo amor autêntico, desinteressado e duradouro. Desdenha das imaginações descabidas e é reservada e conservadora no amor.

O MACACO E SEUS ASCENDENTES

A hora e o lugar de nascimento influenciam em nossa personalidade. O denominado ascendente refere-se ao signo astrológico que nasce no leste no momento do nosso nascimento. Cada animal do Zodíaco chinês domina duas horas. Isto determina a influência de determinado signo no modo de agir e sentir de uma pessoa.

MACACO COM ASCENDENTE EM RATO (das 23h à 1h)
O domínio do signo de Rato faz que essa pessoa seja compassiva, simpática, hedonista e caseira. Possui um extraordinário senso de humor e um grande apego ao erotismo e à sexualidade. É muito sociável, tem um bom círculo de amigos e admiradores.

MACACO COM ASCENDENTE EM BOI (da 1h às 3h)
Essa pessoa adquire a solidez e a confiança do signo de Boi. É séria, abnegada e honesta no trabalho, conservadora nos hábitos e fiel nas relações amorosas. É a mais constante das pessoas de Macaco graças à influência do signo de Boi.

MACACO COM ASCENDENTE EM TIGRE (das 3h às 5h)
A combinação da audácia e do poderio do signo de Tigre com a astúcia e a engenhosidade do signo de Macaco faz que essa pessoa tenha uma vaidade e uma presunção ilimitadas por causa de seus dotes intelectuais e físicos. Tem um temperamento impulsivo, mas é elegante e moderna.

MACACO COM ASCENDENTE EM COELHO (das 5h às 7h)
Com a contribuição positiva do signo de Coelho, a essa pessoa sobrarão virtudes intelectuais: lúcida, refinada, diplomática, en-

genhosa, erudita e habilidosa. Se tivesse a força do signo de Dragão e a perseverança do signo de Boi, seria invencível. Adora a paz, a harmonia e o conforto.

MACACO COM ASCENDENTE EM DRAGÃO (das 7h às 9h)
A majestosa ambição e os nobres ideais do signo de Dragão proporcionam a essa pessoa um campo ilimitado para desenvolver sua inteligência. Será poderosa, rebelde, perspicaz e orgulhosa. Não se cansará de suas proezas para conquistar fama, honra e amores.

MACACO COM ASCENDENTE EM SERPENTE (das 9h às 11h)
A sabedoria do signo de Serpente enriquece a inteligência dessa pessoa, convertendo-a em uma supersábia, com dotes quase sobrenaturais para prever sucessos e predizer o futuro. Seus cálculos são infalíveis. Tem o dom de ser uma figura eminente nas ciências naturais ou na filosofia.

MACACO COM ASCENDENTE EM CAVALO (das 11h às 13h)
O orgulho e o vigor do signo de Cavalo com a destreza do signo de Macaco formam uma personalidade singular: original, generosa, otimista e atlética. É uma estrela nos bate-papos, que brilha com seu humor e graça. Seus encantos cativantes irradiam uma atração irresistível.

MACACO COM ASCENDENTE EM CABRA (das 13h às 15h)
Será sentimental, romântica, aficionada por arte pela influência do signo de Cabra. Serão mantidos a inteligência e o senso de humor característicos do signo de Macaco, mas será mais propensa à melancolia e à angústia.

MACACO COM ASCENDENTE EM MACACO (das 15h às 17h)
Essa pessoa salienta todas as qualidades e defeitos do signo de Macaco. Será inteligente, bem-humorada, engenhosa, sociável, apaixonada, multifacetada, firme, curiosa, convencida, vaidosa e inconstante. Uma pessoa de Macaco por excelência.

MACACO COM ASCENDENTE EM GALO (das 17h às 19h)
O signo de Galo contribuirá com algumas virtudes que aperfeiçoam seu comportamento: será mais perseverante em seus objetivos e terá maior apego ao trabalho no dia a dia, sendo eficiente, imaginativa, lúcida e engenhosa. Seu defeito consiste na grandiloquência e vaidade.

MACACO COM ASCENDENTE EM CÃO (das 19h às 21h)
Essa pessoa assimilará as virtudes do signo de Cão: a fidelidade, o sacrifício, a responsabilidade e a honra. Será uma pessoa nobre, audaciosa, bem-humorada, graciosa e carismática. Terá muitos amigos e admiradores. Por trás de sua aparência jovial se esconde uma visão de mundo existencialista e bastante cinza.

MACACO COM ASCENDENTE EM PORCO (das 21h às 23h)
A simplicidade, a docilidade e o senso realista do signo de Porco passarão a ser qualidades dessa pessoa. Amará a vida e desfrutará intensamente dos prazeres. É gentil, compassiva e sempre disposta a ajudar. É a pessoa de Macaco menos vaidosa e mais pragmática.

COMO A PESSOA DE MACACO PASSA OS OUTROS ANOS DO ZODÍACO CHINÊS?

ANO DO RATO
É um ano particularmente bom para a pessoa de Macaco, pois lhe permitirá usar suas habilidades mentais para resolver com facilidade os problemas que vinha arrastando dos outros anos. Terá ganhos financeiros inesperados e extraordinários que lhe darão uma considerável folga econômica. Além disso, é possível que alguma pessoa importante junte-se a ela ou que sua família ganhe mais um membro.

ANO DO BOI
É um ano em que se misturam coisas boas e ruins. Sofrerá alguma perda econômica e passará por alguma desilusão em algum

aspecto de sua vida. Talvez se verá obrigado a fazer alguns trabalhos contra a sua vontade ou a suportar alguns pequenos problemas de saúde. É recomendável tomar muito cuidado no campo profissional. Apesar de tudo, será tudo tranquilo na família.

ANO DO TIGRE
É um ano adverso, cheio de maus presságios e infortúnio. Terá de aguentar muitas injustiças causadas pela lei da selva que é a sobrevivência, e isso afetará o curso de sua vida e acarretará danos materiais e, inclusive, físicos. Sofrerá humilhação e desprezo. Irá sentir-se sufocado, impotente e à beira de um colapso nervoso. É preciso que adote uma postura realista para sair do baque e não perder nunca o otimismo.

ANO DO COELHO
Será aberta uma nova perspectiva, com uma melhora substancial nos planos familiar, econômico e profissional. Conseguirá normalizar a situação totalmente. É um ano tranquilo e animador, que promete muitas oportunidades para seu futuro desenvolvimento. Contará com a ajuda dos amigos nos momentos que mais precisar.

ANO DO DRAGÃO
Será um ano proveitoso para enriquecer seus conhecimentos profissionais, apesar de não conseguir resultados econômicos notáveis e imediatos. Será inevitável fazer umas viagens ou gastar mais do que queria. Sua vida afetiva também será afetada por esses sucessos. Surgirão pequenos desentendimentos na família que transtornarão o curso normal de sua vida.

ANO DA SERPENTE
Esse signo lhe ajudará a traçar um bom plano que solucionará todos os quebra-cabeças que lhe atormentavam. Sua inteligência, seguida pela serenidade e sabedoria do signo de Serpente, irá abrir-lhe uma boa perspectiva para sua futura carreira. Terá sorte no amor por causa de seu grande atrativo intelectual e físico.

ANO DO CAVALO
Terá um ano de desenvolvimento contínuo, sem maiores obstáculos. Mas será preciso evitar o orgulho excessivo, que lhe poderá causar tropeços fatais. Se perceber que não pode competir com seu rival, será melhor evitar um encontro frontal e esperar até que reúna condições mais vantajosas e maiores forças para enfrentá-lo definitivamente.

ANO DA CABRA
Será um ano agitado. A agenda ficará repleta de compromissos e atividades profissionais. Terá de se sacrificar trabalhando, mas terá também a satisfação de ver seus esforços recompensados economicamente. A tensão e o esgotamento no trabalho serão a causa fundamental dos desgostos na família. Precisará ter uma colaboração mais estreita dos companheiros e ter mais tempo para a família.

ANO DO MACACO
Será um ano de sorte para a pessoa de Macaco. Conseguirá êxitos deslumbrantes profissionalmente graças à sua inteligência e ao seu empenho. Será reconhecida e elogiada pelos colegas. Terá gratas surpresas financeiras. Além disso, desfrutará de uma saúde incrível e de muito amor.

ANO DO GALO
Nesse ano, por mais que se esforce, avançará pouco. Talvez por sua excessiva teimosia ou obsessão pelo perfeccionismo. Passará por muitos desentendimentos e desperdício de energia por detalhes que não valerão a pena. Vai dar-se conta, no final, que teria de ter recorrido à sua inteligência e abandonado a teimosia.

ANO DO CÃO
Será um ano em que a fidelidade e a solidariedade influenciarão decididamente no desenvolvimento de seus projetos. Conhecerá os verdadeiros amigos e também atos indignos de traição. Tomará atitudes com audácia e inteligência, mas os resultados serão imprevisíveis porque dependerão de outros fatores.

ANO DO PORCO

A recessão econômica lhe afetará. Por mais que se empenhe no trabalho e seja eficiente, será muito difícil ficar de fora da situação adversa. Infelizmente, sofrerá também transtornos físicos e problemas familiares. Alguma decisão insensata de outros tempos trará agora consequências nefastas.

A PESSOA DE MACACO NO AMOR

MACACO E RATO

Um casal feliz. A mulher de Rato é terna, trabalhadora, caseira e boa administradora do orçamento doméstico. O marido de Macaco é inteligente, competitivo e flexível. Admiram-se, cuidam um do outro e se entregam a um amor desprendido cheio de sensualidade. É uma união positiva, satisfatória e afortunada. Viverão a vida toda juntos, com muito amor e plena realização pessoal.

MACACO E BOI

Um casal lúcido e realista. São dois signos com personalidades muito diferentes, mas não incompatíveis. A pessoa de Boi é introvertida, taciturna, teimosa e modesta, ao contrário da pessoa de Macaco, que é extrovertida, expressiva, flexível e vaidosa. Une-os um denominador comum: a lucidez e o realismo. Isto permite-lhes levar a convivência adiante, mas custará para um adaptar-se ao outro. Farão o que for possível para manter as relações no bom caminho.

MACACO E TIGRE

Um casal em discordância. A união desses signos provocará uma forte tensão familiar por causa dos traços discordantes de suas respectivas personalidades. A astúcia, a vaidade e os caprichos da mulher de Macaco entram em conflito com a impulsividade, o orgulho e a rebeldia do homem de Tigre, o que torna a convivência dramática. Atraídos pela sedução e instinto, viverão momentaneamente paixões que interromperão as eternas lutas pela liderança da família.

MACACO E COELHO
Um casal da elite intelectual. Não existe combinação melhor de inteligência, talento, competência e diplomacia como a que permite a união entre o homem de Macaco e a mulher de Coelho. Contudo, é necessário um constante entendimento entre eles para manter o equilíbrio da convivência. Precisam de um maior grau de compreensão e tolerância para evitar as discórdias que perturbam sua vida emocional.

MACACO E DRAGÃO
Um casal solidário. A união entre a força e a inteligência lhes permitirá um brilhante êxito profissional e um amor eterno. Ambos são lúcidos, competitivos e ambiciosos. A isso soma-se a engenhosidade e a flexibilidade da pessoa de Macaco, assim como o poderio e a generosidade da pessoa de Dragão. A solidariedade constante que existe entre os dois, com as suas respectivas causas, torna-os mais fortes. Em sua vida afetiva gostam mais da qualidade que da quantidade. Sentem-se satisfeitos.

MACACO E SERPENTE
Um casal com escrúpulos. Ele é inteligente, simpático, aberto e competitivo, e ela é sábia, serena, calculista e imprevisível. Têm interesses em comum, mas é impossível evitarem os atritos e o antagonismo, devido ao caráter escrupuloso e invejoso dos dois. Precisam de maior franqueza e desprendimento em sua convivência. Só desse modo poderão desfrutar mais intensamente do encanto e sedução que irradiam de sua personalidade.

MACACO E CAVALO
Um casal elitista. Essa combinação da inteligência, habilidade e talento da pessoa de Macaco com a ostentação, otimismo e independência da pessoa de Cavalo lhes proporciona classe e distinção. Ambos são abertos, lúcidos e capazes. Atraem-se pela sedução e se admiram nos gostos e no tato nas relações com outras pessoas. O egocentrismo é um fator importante de sua união que deveriam superar, já que afeta sua vida emocional. O respeito mútuo da independência e da liberdade melhorará muito suas relações afetivas.

MACACO E CABRA
Um casal de harmonia intermitente. A mulher de Cabra é terna, delicada e caseira. Quer que a correspondam com carinho e complacência, o que o homem de Macaco nem sempre está disposto, pelo seu caráter inconstante e caprichoso. A esposa de Cabra admira os talentos de seu marido, a quem se entrega inteira com devoção. Contudo, irá se sentir desolada frequentemente porque parece que não encontra uma sinceridade permanente e um amor duradouro no comportamento vaidoso do marido de Macaco. No fundo, o gorilão ama-a com sinceridade, mas é muito vaidoso para manifestar tal sentimento e, além disso, dá umas escapadas e é inconstante.

MACACO E MACACO
Um casal de harmonia condicional. A incomum semelhança de suas virtudes e defeitos, apesar de torná-los cúmplices em tudo, também os separa em virtude da repulsa por polarização magnética. Essa união será harmoniosa quando ambos superarem o egocentrismo, a vaidade e os caprichos. Precisam de muita solidariedade nas circunstâncias adversas, para que a harmonia sempre predomine em sua convivência. Na vida sexual é preciso que renovem suas concepções para não cair na monotonia.

MACACO E GALO
Um casal que se fixa só nos defeitos. Apesar de os dois serem competitivos e eficientes, desconfiam um do outro. A pessoa de Macaco desdenha a melindrosa pessoa de Galo, e esta não tolera a vaidade daquela. Vigiam-se, procuram os defeitos um do outro e se reprovam, sem que reconheçam com sinceridade suas próprias fraquezas. Sua convivência parece uma prova constante de paciência e tolerância respectivas. O dia em que abrirem os olhos e voltarem a se fixar em suas respectivas virtudes, vão se reconciliar definitivamente. Voltarão a se apaixonar como em outros tempos e aprenderão a se apreciar mutuamente.

MACACO E CÃO
Um casal muito positivo. Reconhecem e valorizam suas virtudes. É a união entre a fidelidade e a inteligência, o talento e a au-

dácia. Principalmente, é a aliança de duas pessoas competentes e apaixonadas, a qual lhes permitirá plena realização pessoal e grande satisfação na vida conjugal. A lucidez e o otimismo criam uma atmosfera de compreensão, alegria e confiança no futuro.

MACACO E PORCO
Um casal magnetizado. Atraem-se fortemente pelo instinto e admiração das respectivas qualidades. Apesar dos anos de convivência serem impiedosos com sua paixão carnal, não o são de modo algum com o apreço mútuo, que cresce com o transcorrer do tempo. A docilidade e a simplicidade da pessoa de Porco representam um fator imprescindível para o equilíbrio matrimonial, assim como a graça e a capacidade de gestão da pessoa de Macaco. Viverão muitos anos juntos, com verdadeiro amor e muito carinho.

GALO

CARACTERÍSTICAS FUNDAMENTAIS

Pronúncia em chinês	Ji
Nº de ordem no Zodíaco chinês	Décimo
Horas que rege	17 – 19
Direção do seu signo	Diretamente ao Oeste
Estação e mês que domina	Outono – setembro
Elemento fixo	Metal
Tronco	Yin (negativo)

TABELA DE CORRESPONDÊNCIAS COM O CALENDÁRIO CRISTÃO

Desde	Até	Elemento	Aspecto
22.1.1909	9.2.1910	Terra	Yin
8.2.1921	27.1.1922	Metal	Yin
26.1.1933	13.2.1934	Água	Yin
13.2.1945	1º.2.1946	Madeira	Yin
31.1.1957	17.2.1958	Fogo	Yin
17.2.1969	5.2.1970	Terra	Yin
5.2.1981	24.1.1982	Metal	Yin
23.1.1993	9.2.1994	Água	Yin
9.2.2005	28.1.2006	Madeira	Yin
28.1.2017	15.2.2018	Fogo	Yin

O GALO

Na Antiguidade, seus belos cantos pela manhã serviam para iniciar as jornadas em todo o país. Nos palácios, apesar de haver relógios de sol, de água, de corda e de areia, não faltavam nunca homens adornados de galo, que anunciavam o amanhecer imitando o canto desses pássaros. O imperador costumava dar início à audiência matutina ao terceiro canto do homem-galo. No campo, o canto do galo ao amanhecer era o único relógio na madrugada, como o sol no restante do dia.

Devido a essa peculiar utilidade dos galos, as mulheres que acordam seus maridos ainda de madrugada são chamadas desde tempos remotos de "mulheres-galo". Inclusive algumas concubinas favoritas dos imperadores tinham esse apelido por acordar docemente o monarca e não esquecer suas obrigações matutinas.

Antigamente, quando um jovem apaixonava-se por uma moça, costumava queimar duas plumas de galo e colocar as cinzas em um copo de licor para bebê-lo, pois acreditava-se que, bebendo esse licor, poderia conquistar o amor da mulher amada.

Ainda hoje pratica-se o costume de salpicar com umas gotas de sangue de galo os copos de licor para consolidar a amizade e a fraternidade.

O "sangue de galo" é também a denominação de um tipo de pedra com veios de cor carmesim, extremamente apreciada para a feitura de figuras ou carimbos.

Talvez o mais simbólico e significativo seja a rinha de galos que se continua praticando em algumas regiões da China. Há pouco tempo foi celebrado um campeonato nacional de rinha de galos, no qual participaram dezessete províncias e municípios.

Em tempos passados houve um imperador, chamado Zhou Wen Wang, que era um grande aficionado pela rinha de galos. Tinha sob sua tutela um treinador que dominava a arte de preparar galos para rinha. Sabia perfeitamente que o galo agressivo não é o mais potente, mas sim o que sabe controlar a ansiedade. Por isso nunca levava galos agitados para as rinhas. Esperava sempre que se tranquilizassem antes da luta, o que lhes permitia ficar serenos e contundentes na hora da rinha.

Pelo valor e heroísmo que demonstra o galo diante de um rival, ele é considerado um bom lutador contra os maus espíritos. Por isso, nas zonas rurais costuma-se colocar desenhos ou adornos de galo na entrada da casa para espantar os demônios.

O ANO DO GALO

Após o ano do Macaco, transcorrido em um ambiente de jovialidade e otimismo, chega o ano do Galo, impregnado de extravagante elegância, de excessiva grandiloquência e de heroísmo idealista.

É um ano em que se tomam medidas enérgicas em assuntos de âmbito mundial, como uma solução para novos e velhos problemas internacionais. Os conflitos serão mais intensos, e as discussões, intermináveis. Há brigas ferrenhas por dignidade e soberania.

A presunção do Galo pode provocar um excesso de confiança, fomentando a arrogância, o radicalismo, a intrepidez, a severidade e a incompreensão. É inevitável o surgimento de atritos ao seu redor, que facilmente poderão envolvê-lo, o que lhe causará aborrecimento e desperdício de energia.

No ano do Galo intensifica-se nosso senso de responsabilidade e a eficiência no trabalho. As finanças da empresa e o orçamento familiar serão conduzidos com seriedade, sendo considerado o futuro. É um ano que convoca a execução dos projetos concebidos e não o planejamento de novas estratégias, o que acontece quando há uma excessiva subjetividade dominando nosso comportamento.

Nesse ano, a rotina ganha um significado, e os fenômenos insignificantes cobram uma transcendência. É um ano que pode acrescentar-nos a elegância e o amor-próprio. Abundam as intenções de ostentação ou de autoafirmação, inclusive não faltam comportamentos enganosos como o de *donjuán*. É um ano em que convém tomar cuidado com a prolixidade e a grandiloquência.

O ano do Galo não é muito tranquilo, mas também não traz desastres. Há uma grande possibilidade de paz e concordância se sairmos da imaginação idealista e enfrentarmos com sensatez a realidade. É preciso, em todo caso, uma maior dose de realismo e humildade. É bom que se evite dores de cabeça e se atue ajustando-se às circunstâncias.

A PERSONALIDADE DA PESSOA DE GALO

Nascida para desfrutar a vida com fantasia e idealismo, a pessoa de Galo encara o dia a dia com imaginação e dá brilho à opacidade. Tem um mundo interior tranquilo, sem grandes ambições nem motivações desonestas. Leva toda a glória e vileza de sua personalidade em sua aparência sem disfarces.

Elegante, chamativa, distinta e um pouco extravagante, cuida da aparência como se fosse a essência de sua vida. Sempre se veste corretamente, com um estilo altivo que realça suas qualidades físicas. Usa acessórios personalizados que combinam com o seu jeito de ser ou o que pretende ser.

É emotiva, sensível, orgulhosa e lutadora. Gosta de conversas sobre temas variados, nas quais se expressa ativamente. Costuma ter uns critérios muito claros, que às vezes deslumbram por sua lucidez e certeza. Mas também peca por preconceitos, exageros e estreiteza de visão em suas observações, que sustenta tenazmente como a verdade absoluta. É extremamente eloquente e teimosa nas discussões, alterando-o, levantando a voz, sem ceder nem um passo na defesa de seus pontos de vista.

É radical, convencida, prolixa e intrépida. Esquenta a cabeça rapidamente. Vê nos fenômenos normais ilusões quixotescas que a lançam para uma luta inverossímil contra a fantasia. Às vezes, seu orgulho parece estúpido, mas não há forma de tirar de sua cabeça a presunção, que procede de sua superficialidade. Em alguns momentos acredita que é o grande herói do mundo. Carece de um espírito condescendente: é exigente, minuciosa e intolerante com o comportamento alheio. Encontra motivos inesgotáveis para fofoca nos equívocos dos demais.

No fundo, o alarde de suas qualidades pessoais, a crítica arrogante aos demais e o heroísmo ilusório de seu comportamento são esforços com o objetivo de se autoafirmar, revelando, por outro lado, sua falta de segurança e o complexo de inferioridade de seu mundo interior.

É mais imaginativa que criativa. Sua grande inteligência é limitada por sua hipersensibilidade e seu excessivo pragmatismo no dia a dia. Na verdade, tem uma visão de mundo bem superficial. Apesar de fazer alarde de seus conhecimentos filosóficos, seus pontos de vista e suas conclusões não deixam de ser preconceituosas.

Graças à sua meticulosidade e perfeccionismo, é muito competente em administrar o seu dinheiro, a direção de uma empresa ou um trabalho concreto que requer muita estratégia. Para alguns cargos profissionais, técnicos ou administrativos, é a melhor candidata por sua responsabilidade, seriedade e imaginação, que fazem da rotina uma proeza louvável.

Cultiva a amizade como um dos pilares de sua vida; segundo a filosofia antiga chinesa, "em casa conta com os pais, mas na rua apoia-se nos amigos". É sincera, cordial e atenta com os amigos, mas bastante séria em seus conselhos. Gosta de deslumbrá-los com os relatos de suas experiências pessoais, salpicadas de subjetividade e exageros. De vez em quando lhes faz confissões. Exige que eles também sejam solidários e muito sinceros.

Com os filhos porta-se maravilhosamente bem. É a sua melhor proteção, direção e amizade. Acompanha-os em seus jogos, compartilhando suas alegrias e desilusões. Leva-os para passear no campo, para conhecer novos fenômenos naturais ou para comer em um restaurante típico. Enche-os de amor e carinho, procurando dar uma boa educação e toda a comodidade possível em casa.

Apesar de essas coisas serem denominadoras comuns tanto para o homem como para a mulher de Galo, esta destaca-se mais pelas virtudes desse signo. É mais trabalhadora, eficiente, cordial, perfeccionista, perseverante, simples e fiel.

O GALO E OS CINCO ELEMENTOS

GALO DE METAL (nascidos em 1921 e 1981)
Uma pessoa obstinada. O Metal confere firmeza à textura de sua vontade e reafirma a eloquência de sua atitude nas discus-

sões. É tenaz, coerente e infatigável para alcançar seus objetivos. Uma vez traçado um objetivo, irá conquistá-lo, custe o que custar. Não há nada que possa detê-la. Sua obstinação manifesta-se principalmente no empenho para que aceitem seus critérios, ainda que sejam excessivamente subjetivos e convencionais. Trabalhadora, brilhante, animada e ambiciosa, a pessoa de Galo de Metal confia em seu poder e influência sobre a opinião dos demais. Por outro lado, não está disposta a admitir sua inferioridade e seus próprios erros: morre, mas não dá o braço a torcer. O dinheiro a atrai poderosamente e se esforça para consegui-lo. Também se interessa pelos problemas sociais e pela reforma do sistema político atual.

GALO DE ÁGUA (nascidos em 1933 e 1993)
Uma pessoa intelectual. Demonstra ter extraordinários dotes intelectuais e destaca seus refinados gostos artísticos, assim como seu amplo horizonte de conhecimentos. Sua eloquência oral e sua facilidade para escrever de modo expressivo a tornam uma talentosa crítica. A Água dá flexibilidade ao seu caráter, convertendo-a na menos teimosa e mais lúcida das pessoas de Galo. Sabe como ninguém pôr em jogo a iniciativa dos que a rodeiam para a concretização de seus propósitos. Seu segredo para vencer não está na obstinação em seus próprios esforços, mas na inteligência de mobilizar muitas pessoas para atingir seus objetivos. É uma artista em se esquivar dos obstáculos para não ter de combatê-los frontalmente, mas não por isso abandona o propósito de eliminá-los mais cedo ou mais tarde. Nesse sentido é bem mais flexível e estratégica, e não uma covarde ou oportunista.

GALO DE MADEIRA (nascidos em 1945 e 2005)
Uma pessoa nobre. A nobre ética da Madeira infunde-lhe um senso de honra, fé e generosidade, virtudes que lhe permitem despertar o respeito e a admiração dos companheiros e amigos. Desinteressada, abnegada, prestativa e organizada, tem o dom de se comunicar com as pessoas e grande capacidade de trabalho, mas lhe falta um pouco de diplomacia e um bom tato. Pois

no fundo conserva as peculiaridades de seu signo: ser muito exigente com os demais, pedindo para que se coloquem à sua altura e que deem o mesmo rendimento. Quando se aborrece, suas críticas são severas e impiedosas. Por isso, às vezes as coisas escapam de suas mãos e lhe fazem fracassar às vésperas do triunfo. Por outro lado, como é precipitada e impulsiva, seus esforços costumam gerar resultados contraproducentes.

GALO DE FOGO (nascidos em 1957 e 2017)
Uma pessoa vigorosa. Tem um caráter de Fogo: entusiasta, nervosa, competente, concentrada e irritadiça. Pode ser uma dirigente capaz, e é excessivamente severa: não tolerará nenhum ato irresponsável, sequer o mínimo erro. Independente, precipitada e ambiciosa, trabalha sem descansar e luta com bravura. Detesta a passividade, a indiferença e o conformismo. Sincera e direta, combate obstinadamente a hipocrisia e a infidelidade, sendo ela um digno exemplo de sinceridade e lealdade. Costuma sofrer de estresse, por falta de equilíbrio emocional e por trabalhar permanente e intensamente. Não sabe como relaxar, pois sua vitalidade ardente impulsiona-a a assumir compromissos e a desafiar novos alvos.

GALO DE TERRA (nascidos em 1909 e 1969)
Uma pessoa autêntica. O realismo que leva esse elemento modela a autenticidade de sua personalidade. Estreitamente ligada à Terra, é direta, franca, pragmática e séria. Odeia a adulação, a lisonja, a grandiloquência e a frivolidade. Tem grande simplicidade e seriedade em seu jeito de ser e em seu trabalho cotidiano. Trabalha infatigavelmente para adquirir novos conhecimentos, aprender outras habilidades ou ganhar experiência em outras disciplinas profissionais. É precocemente madura, responsável, honesta e rigorosa: pode chegar a ser uma excelente professora, missionária ou inspetora. Detesta a ostentação e a hipocrisia. Nunca sonha com um enriquecimento repentino e mágico. Trabalha honestamente para ir melhorando sua situação econômica. A seriedade e o esforço são duas estrelas que guiam a sua vida.

O GALO E SEUS ASCENDENTES

A hora e o lugar de nascimento influenciam em nossa personalidade. O denominado ascendente refere-se ao signo astrológico que nasce no leste no momento do nosso nascimento. Cada animal do Zodíaco chinês domina duas horas. Isto determina a influência de determinado signo no modo de agir e sentir de uma pessoa.

GALO COM ASCENDENTE EM RATO (das 23h à 1h)
É contagiada pela personalidade do signo de Rato: a curiosidade, o otimismo e a jovialidade. Será generosa com os amigos, poupadora e muito terna. Uns dos pilares de sua vida é o lar e a convivência com as pessoas queridas.

GALO COM ASCENDENTE EM BOI (da 1h às 3h)
Embora a força e a solidez do signo de Boi freiem o jeito fanfarrão do signo de Galo, nessa pessoa é despertada a ambição desmesurada por poder e dinheiro. Se pudesse, seria despótica. Suas posições políticas são conservadoras, assim como seus critérios morais.

GALO COM ASCENDENTE EM TIGRE (das 3h às 5h)
Consciente de sua própria força e lucidez, tem muita fé em si mesma. Apesar de ser carismática e prepotente, não sabe manter seu equilíbrio psíquico, já que experimenta frequentes altos e baixos emocionais. É teimosa, impulsiva e arbitrária.

GALO COM ASCENDENTE EM COELHO (das 5h às 7h)
Os bons modos e a inteligência do signo de Coelho dão serenidade e diplomacia ao seu jeito de ser. Sem dúvida, não se desviará de seus princípios, mas será flexível e compreensiva. Uma pessoa pacífica e eficiente, que emana carisma e talento.

GALO COM ASCENDENTE EM DRAGÃO (das 7h às 9h)
A intrepidez do signo de Dragão mantém seu princípio de luta. Será categórica e intransigente no tratamento dos assuntos do

dia a dia. Motivada pelo idealismo e pela vaidade, irá muito além da luta corajosa por justiça e pelas façanhas quixotescas.

GALO COM ASCENDENTE EM SERPENTE (das 9h às 11h)
A arte e a magia do signo de Serpente ensinam-lhe a ser mais reservada e calculista. É serena e sinuosa, escondendo mistérios sob sua aparência desinteressada. Tem um encanto irresistível que seduz e hipnotiza até as mentes mais lúcidas e perseverantes.

GALO COM ASCENDENTE EM CAVALO (das 11h às 13h)
Amante das viagens exóticas e das festas com muita comida, essa pessoa busca as satisfações dos sentidos e materiais. Tem um espírito despreocupado e evasivo diante de problemas políticos e sociais. Sua qualidade é a amizade, em que se sobressai com facilidade e segurança.

GALO COM ASCENDENTE EM CABRA (das 13h às 15h)
Os dotes artísticos e o gosto refinado do signo de Cabra incrementam essencialmente sua sensibilidade cultural. É fina, cordial, sentimental e flexível. Agradável e compreensiva, é a pessoa de Galo menos crítica e implicante. Tem um mundo interior cheio de sutilezas sentimentais.

GALO COM ASCENDENTE EM MACACO (das 15h às 17h)
Com a habilidade e a inteligência do signo de Macaco, essa pessoa é encantadora, amistosa e muito simpática. Tem objetivos muito claros e não perde tempo para alcançá-los. É afortunada na vida, já que tem praticamente todos os dotes intelectuais. Seu calcanhar de Aquiles é a vaidade.

GALO COM ASCENDENTE EM GALO (das 17h às 19h)
A união dos dois signos de Galo aumenta sua agressividade, preconceito e teimosia. É fanfarrona, convencida e muito dura em suas críticas. Por outro lado, é a mais eficiente e sensata para os trabalhos do dia a dia, nos quais põe muito empenho e imaginação.

GALO COM ASCENDENTE EM CÃO (das 19h às 21h)
Com a influência do signo de Cão, essa pessoa cultua a justiça e a fidelidade. É sincera, fiel e valente. Apesar de ser crítica, não é agressiva nem melindrosa. Com uma mente lúcida e esclarecida, não confia muito nas pessoas e tem um mundo interior um pouco cinza.

GALO COM ASCENDENTE EM PORCO (das 21h às 23h)
Sincera, gentil, honesta, humilde e bonachona, essa pessoa é uma digna amiga, colaboradora e uma amante sensual com quem se pode viver autênticas fantasias emocionais.

COMO A PESSOA DE GALO PASSA OS OUTROS ANOS DO ZODÍACO CHINÊS?

ANO DO RATO
Paradoxalmente, nesse ano de abundância, a pessoa de Galo passará por dificuldades financeiras. Ganhará pouco e gastará muito. É um ano em que será muito difícil contar com a ajuda dos amigos. No trabalho não vão considerá-lo tanto como antes, além de aumentarem as discussões por uns temas insignificantes. Sofrerá alguns transtornos físicos que lhe afetarão temporariamente a sua capacidade para trabalhar. A má sorte também se estenderá ao plano familiar, onde encontrará problemas inesperados. Portanto, nesse ano é recomendável que seja precavida e cuidadosa.

ANO DO BOI
O ano do Boi é muito mais alentador, pois recuperará com juros tudo o que perdeu no ano anterior. Além disso, os amigos vão se mostrar outra vez solidários. Terá melhor sorte com a família, na qual terá sossego e ternura. Irá se sentir com condições de competir e lutar. É provável que tenha uma hemorragia, então é preciso que tenha muito cuidado com armas e ferramentas afiadas. Se isso ocorrer devido a uma cirurgia imprescindível, não há melhor remédio que reunir a coragem necessária e ir para a sala de cirurgia com otimismo.

ANO DO TIGRE
A turbulência do ano de Tigre não lhe impedirá de conseguir uma surpreendente prosperidade. É o ano que lhe trará maior prosperidade e ambição por dinheiro. Terá sorte inclusive em causas que tinham muito pouca possibilidade de êxito. Será um ano em que irá tudo muito bem, mas é preciso que tome atitudes com precaução e que mantenha a cabeça fria, para evitar negligências no trabalho e na família. Os impulsos irresponsáveis poderão causar-lhe muitos danos.

ANO DO COELHO
O Coelho é um bom signo para a pessoa de Galo: sua diplomacia suaviza a agressividade desse signo, assim como sua inteligência e perspicácia reduzem a prolixidade grandiloquente do signo de Galo. Se a pessoa de Galo não negar a influência do signo de Coelho, esse pode ser um ano maravilhoso. Do contrário, sofrerá as horríveis consequências da impertinência: rupturas e frustrações sentimentais.

ANO DO DRAGÃO
Um ano dinâmico, próspero e rico de grandes acontecimentos. A vida rotineira e monótona do signo de Galo experimenta inusitadas mudanças com o impulso do signo de Dragão. Tudo irá bem: a saúde, a família, o trabalho e o amor. Um ano propício para decisões importantes.

ANO DA SERPENTE
O signo de Serpente é bom para o signo de Galo, pois lhe trará paz e serenidade. A fria sabedoria do signo de Serpente acalma o fogo ardente de sua crista guerreira, e a profundidade filosófica da Serpente reduz sua superficialidade e fanfarronice. Um ano estável, pacífico e reflexivo.

ANO DO CAVALO
O signo de Cavalo lhe trará pronunciados altos e baixos em sua vida, tanto profissional como afetivamente. O caráter despreocupado e versátil do signo de Cavalo dinamiza os fatores de instabi-

lidade na vida da pessoa de Galo, provocando-lhe um grave desequilíbrio. Terá problemas financeiros, familiares e profissionais.

ANO DA CABRA
É um ano em que a situação melhora muito com a incidência do signo de Cabra. Poderá normalizar suas relações familiares e recuperar a estima dos amigos. Tudo porque você mudou muito o seu jeito de ser ao assimilar mais a tranquilidade, a distinção e a ternura do signo de Cabra.

ANO DO MACACO
Nesse ano confluem tanto vantagens como riscos. É um ano de muita complexidade nas perspectivas pelas diferenças de personalidade entre os signos de Macaco e Galo. O importante é saber como combinar as virtudes e evitar as deficiências dos dois signos. De qualquer modo, o mais aconselhável é a paciência, a precaução e a sensatez.

ANO DO GALO
A duplicação do signo de Galo reforça extremamente sua personalidade, o que lhe permitirá passar um ano agradável, agitado e muito bem-sucedido. Encontrará facilmente uma solução para os problemas que lhe preocupam e contará com a ajuda de pessoas influentes e solidárias. Irá se comprometer em algumas lutas e disputas, dos quais sairá ilesa.

ANO DO CÃO
É um ano impregnado de fidelidade, amizade e perspicácia. O signo de Cão é bom para o signo de Galo, já que lhe permite agir de modo racional, livre de qualquer emoção ou fantasia. Esta é a estrela de seu sucesso nesse ano. Possivelmente terá de fazer longas viagens ou participar de eventos recreativos que o deixarão longe de casa por um tempo.

ANO DO PORCO
A pessoa não contava com nenhum mau agouro, mas o ano vem-lhe fatal, com uma infinidade de problemas: dificuldades

financeiras, problemas no trabalho, transtornos na vida privada e traição de alguns amigos. Os planos de emergência não darão nenhum resultado. Muito menos funcionarão as sugestões mais razoáveis. Tudo lhe sairá mal. A perspectiva vai se apresentar horrível e enervante.

A PESSOA DE GALO NO AMOR

GALO E RATO
Um casal em conflito. O marido de Galo é prolixo e perfeccionista. Seu caráter despótico e agressivo choca-se com a resistência da mulher de Rato, que, apesar de ser afável e terna, não aguenta a excessiva exigência dele. Os dois têm uma convivência marcada por desgostos e brigas violentas. As relações afetivas convertem-se praticamente em um deserto ermo nada frutífero.

GALO E BOI
Um casal duradouro e sólido. São duas pessoas diferentes, mas com uma atração poderosa. É uma união harmoniosa da força com a intrepidez, do realismo com a imaginação, da elegância com o conservadorismo. São bondosos e pacientes com as deficiências mútuas. Assumem a responsabilidade da vida comum, cuidando um do outro, inspirando-se, com profundo amor. Apesar de terem personalidades muito diferentes, complementam-se perfeitamente. A convivência lhes proporciona uma grande satisfação.

GALO E TIGRE
Um casal multifacetado. Sua convivência supõe otimismo, eficiência, caprichos, romantismo, preconceitos, elegância e obstinação, facetas diferentes da existência humana unidas na união de duas pessoas tão independentes como diferentes. O predomínio de um traço ou de outro depende das habilidades pessoais que triunfam pela astúcia, força ou persistência. São modernos e cuidam da aparência como algo essencial na vida. Suas relações afetivas sofrem choques entre o idealismo e a realidade.

GALO E COELHO
Um casal em angústia. A superficialidade, agressividade e vaidade da pessoa de Galo supõem uma tortura insuportável para a sensibilidade refinada da pessoa de Coelho, cujos gostos refinados e bons modos não encontram a menor correspondência em um marido tão convencido como o de Galo. Este perde o foco por manter uns critérios absurdos e completamente insensatos. Por outro lado, a pessoa de Galo detesta os hábitos elitistas da pessoa de Coelho, que não gosta de botar a mão nos afazeres domésticos, mas vê o conforto como algo essencial na vida. Ambos sentem-se angustiados ao não apreciar suficientemente as virtudes um do outro. Também precisam de mais inspiração em suas relações afetivas.

GALO E DRAGÃO
Um casal brilhante. A ênfase na aparência do signo de Galo encontra um perfeito correspondente no brilho exótico do signo de Dragão. A imaginação da pessoa de Galo faz da rotina uma façanha louvável, enquanto a grandeza do signo de Dragão faz da imaginação sua vida real. Juntos sentem-se intrépidos, poderosos e invencíveis. Nem a prolixidade da pessoa de Galo nem o orgulho da pessoa de Dragão podem minimamente afetar a grande paixão que sentem um pelo outro. Sua vida afetiva é enriquecida por seu poder imaginativo. Desfrutam com grande satisfação do seu amor entre a realidade e a imaginação.

GALO E SERPENTE
Um casal que se complementa. Existe um equilíbrio positivo em suas relações. O entusiasmo e a intrepidez da pessoa de Galo fazem um perfeito par com a serenidade e a sensatez da pessoa de Serpente. Também se complementam harmoniosamente outros traços de suas respectivas personalidades: a astúcia com a eficiência, a sedução com a eloquência etc. Sentem-se felizes em sua aliança porque o espírito cortês da pessoa de Galo encontra a mulher sedutora de seus sonhos. Cuidam um do outro, amam-se e desfrutam de muito amor. Para eles, a vida em comum parece um verdadeiro conto de fadas.

GALO E CAVALO
Um casal pouco compatível. O caráter independente dos dois cria frequentes atritos em sua convivência. O homem de Cavalo precisa de plena liberdade e não se conforma com uma vida restrita à monotonia familiar. Rebela-se contra a rigidez e severidade da mulher de Galo, enquanto esta não aguenta a ostentação e instabilidade dele. A incompatibilidade cria fortes obstáculos em sua vida afetiva. O homem de Galo é ciumento e não gosta nada das amizades da mulher de Cavalo, mas é impossível controlá-la. A mulher de Cavalo aborrece-se em casa e se sente asfixiada com as críticas do marido de Galo. Sua convivência é pobre em afeto e compreensão mútua.

GALO E CABRA
Um relacionamento frágil. Por mais que a pessoa de Galo se esforce, o carinho e a atenção que esta dá à pessoa de Cabra fica muito longe do que ela espera. A pessoa de Cabra, sentimental e delicada, irá sentir-se então desolada e infeliz. A pessoa de Galo, absorvida pelo trabalho, fica aborrecida com o melodrama cotidiano, mas é difícil para ela ser terna cada vez que encontra a pessoa de Cabra deprimida. Apesar de se estimarem e se quererem sinceramente, precisam aprofundar um pouco mais a compreensão e ser mais complacentes nos momentos difíceis.

GALO E MACACO
Um casal inconstante. São cúmplices e apaixonados quando se sentem atraídos pela sensualidade, mas assim que acaba o romance distanciam-se com frieza e desprezo, por conta das contradições de seu caráter. As virtudes que eram tanto admiradas durante o namoro perdem toda a magia e encanto após uns anos de convivência. Em compensação, focam com lupa os defeitos que antes passavam despercebidos por completo. A pessoa de Galo é ciumenta e desconfia da sinceridade da pessoa de Macaco, enquanto esta tira sarro ou se esquiva daquela com malícia.

GALO E GALO
Um casal que se desafia. São intermináveis suas discussões pelos temas mais insignificantes. Irritam um ao outro, repreendem-se

e se enchem de culpas, mas nenhum dos dois quer assumir nenhuma responsabilidade. No fundo, os dois são competentes e honrados. Poderiam viver com tranquilidade se não levassem tão a sério alguns dissabores do dia a dia. Parece difícil chegar a um acordo pacífico, pois os ciúmes vão acender as cristas do orgulho. Insistem em intermináveis brigas, inclusive nos momentos de mais ternura e cumplicidade, que são efêmeros e muito intensos.

GALO E CÃO
Um casal que se fortalece pela confiança. A união entre a pessoa de Galo e a de Cão supõe certas vantagens evidentes como a lucidez, fidelidade e sinceridade da pessoa de Cão, que se combinam maravilhosamente com o esforço e o senso analítico da pessoa de Galo. Mas é preciso que ambos prestem atenção para corrigir seus defeitos. Senão a convivência será agonizante e desalentadora devido à excessiva exigência, à obsessão compulsiva e ao alienante perfeccionismo da pessoa de Galo. Um bom controle de si mesmos lhes garantirá muita ternura e prazer na união. Apesar de a pessoa de Galo ser muito ciumenta, ela tem plena confiança na pessoa de Cão, que tem uma conduta digna de um exemplo de fidelidade.

GALO E PORCO
Um casal em harmonia. A mulher de Porco aguenta muito bem as críticas do homem de Galo, compreendendo que, apesar de este falar muito, tem boas intenções e muitas qualidades admiráveis. O marido de Galo admira a gentileza, o realismo e a doçura de sua mulher. Sentem-se satisfeitos na união, na qual contribuem decididamente a confiança mútua e a sensualidade. Admiram-se e se amam profundamente. O senso pragmático os faz muito analíticos e tolerantes com os respectivos defeitos. O homem de Galo cumpre religiosamente seu papel de protetor e tomará a liderança da família por sua lucidez e responsabilidade. A mulher de Porco irá apoiá-lo incondicionalmente, sendo uma companheira afável e uma mãe carinhosa.

CÃO

CARACTERÍSTICAS FUNDAMENTAIS

Pronúncia em chinês	*Gou*
Nº de ordem no Zodíaco chinês	Décimo primeiro
Horas que rege	19 – 21
Direção do seu signo	Oeste / Nordeste
Estação e mês que domina	Outono – outubro
Elemento fixo	Metal
Tronco	*Yang* (negativo)

TABELA DE CORRESPONDÊNCIAS COM O CALENDÁRIO CRISTÃO

Desde	Até	Elemento	Aspecto
10.2.1910	29.1.1911	Metal	*Yang*
28.1.1922	15.2.1923	Água	*Yang*
14.2.1934	3.2.1935	Madeira	*Yang*
2.2.1946	21.1.1947	Fogo	*Yang*
18.2.1958	7.2.1959	Terra	*Yang*
6.2.1970	26.1.1971	Metal	*Yang*
25.1.1982	12.2.1983	Água	*Yang*
10.2.1994	30.1.1995	Madeira	*Yang*
29.1.2006	17.2.2007	Fogo	*Yang*
16.2.2018	4.2.2019	Terra	*Yang*

O CÃO

O cão foi o primeiro animal domesticado pelo homem. Antes do cavalo e do boi terem sido colocados a serviço da humanidade, o cão já era representado como seu melhor ajudante e amigo fiel. O cão realiza uma série de trabalhos ou serviços indispensáveis para muita gente: a companhia, a alegria, o cuidado do lar, o auxílio na caça etc.

A fidelidade do cão não tem preconceitos. Assim diz um provérbio chinês: "Ao cão não importa a pobreza do dono, como ao filho não afeta a feiura da mãe". Solícito e sem interesses, o cão vive e morre pelo homem com um conformismo quase existencialista.

Na China, como no restante do mundo, existe um grande carinho com o cão. Segundo os registros históricos, tanto Confúcio como diferentes reis e imperadores tinham cães favoritos em suas residências. Quando esses animais morriam, costumavam fazer solenes enterros para expressar seus pêsames, o que provocava às vezes sérias críticas sociais. No século VI, havia um senhor feudal tão aficionado por esse animal que gastava grande parte de seu dinheiro para construir casinhas para os cães. Chegou a cuidar de nada menos que 49 mil cães, de todas as raças e tamanhos. Além disso, tirando proveito de sua posição política, ordenou que fossem castigados e multados aqueles que causassem danos aos cães.

Apesar disso tudo, atualmente na China são vistos muito poucos cães nas cidades, pois nos anos 1950, por motivos de salubridade, passou a ser proibido ter cães em casa. A partir de então, só há cães nas zonas rurais. Nos últimos anos, com a abertura do país, os cães estão voltando a aparecer timidamente nos parques e nas ruas das cidades chinesas. Estão sendo feitas novas leis para ser permitida a criação de pequenas espécies de cão em casa.

Paradoxalmente, em algumas regiões da China, come-se carne de cão há aproximadamente mil anos, sendo considerada nutritiva, saudável e particularmente boa para as mulheres. Esse costume bárbaro contrasta com o carinho geral que se tem com o cão e o surgimento de um clamor popular por centros sanitários ou alimentos destinados exclusivamente aos cães. Mas não existe nenhuma polêmica, nem para os que comem carne de cão, nem para os que os querem tê-los em casa.

Segundo a tradição, o dia 2 de janeiro é o Dia dos Cães, no qual se estudam os fenômenos meteorológicos para se deduzir se o próximo ano será favorável para a espécie.

As alusões metafóricas e referências literárias ao cão são muito abundantes, principalmente na linguagem coloquial. Esses provérbios, ditos e chistes revelam, por um lado, a estreita relação que tem esse animal com o ser humano e, por outro, as qualidades e defeitos do cão. Nesse sentido, esse animal pode ter um poder tão extraordinário como causar um eclipse lunar, pois a mitologia chinesa explica esse fenômeno astronômico como uma mordida da constelação de Cão Maior.

O ANO DO CÃO

O ano do Cão é multifacetado. Por um lado, a lealdade desse signo nos traz alegria e felicidade na família; por outro, seu grande idealismo e senso de responsabilidade nos empurram a tomar partido nas causas políticas e sociais. Sua força de vontade convoca ao esforço, à perseverança no campo profissional e à luta sem trégua contra a injustiça e a hipocrisia. Seu respeito à independência alheia cria um ambiente de livre expressão de princípios e opiniões.

No ano do Cão são exaltados os valores espirituais: a moral, a ética, a lealdade e a compaixão. A paixão pelo dinheiro e pelo poder parece menos febril; pelo contrário, ganham terreno a justiça e a razão. É um ano em que são fomentadas as reformas e a luta contra a lei da selva.

O signo de Cão traz paz e estabilidade. Surgirá com esse signo um momento de prosperidade. Devido ao valor e ao senso de justiça do signo de Cão, sua coincidência com o Metal dos cinco elementos pode provocar conflitos armados ou alguma calamidade natural.

A PERSONALIDADE DA PESSOA DE CÃO

"O cão é o melhor amigo do homem." Não há nenhum outro animal no mundo que pode-nos fazer melhor companhia. Estejamos com sorte ou na desgraça, ricos ou pobres, e onde nos encontrarmos, o cão sempre estará ao nosso lado, solícito e fiel. O homem, desgraçado, em um momento desesperado pode dar-lhe uma surra, ou abandoná-lo com um pontapé. Mas o cão não o trairá nunca.

A fidelidade é a qualidade que mais se destaca nos que nascem nesse signo. Ter um amigo de Cão é contar com sua solidariedade em qualquer momento, e se casar com alguém que leve esse signo é ter um amor para toda a vida. Nunca virará as costas porque você se encontra no perigo ou na penúria. Está sempre disposto a socorrê-lo no perigo ou a compartilhar as suas dores nos piores momentos.

É uma pessoa séria, respeitosa e intuitiva. Seu desenvolvido olfato lhe permite descobrir indícios insuspeitados de perigo ou a presença de seres ocultos. Tem instinto de proteção. Luta com bravura, assumindo com fatalismo qualquer risco. Suas habilidades estão a serviço dos amigos ou da pessoa amada, mais que em seu próprio benefício. Por amor à amizade autêntica é capaz de seguir até o fim do mundo.

É honesta por natureza. Nunca joga sujo nem tem cartas escondidas na manga. Tem a facilidade de penetrar no mundo interior das pessoas, intuindo suas intenções. É impiedosa com a falsidade e a hipocrisia, mas sincera com os amigos e consigo mesma. Tem uma franqueza autêntica, nunca pretende ocultar a verdade por mais desagradável que seja. Suas opiniões podem ser ásperas ou dolorosas, tal como é a realidade, mas não esconde segundas intenções e sempre fala com toda a sinceridade.

Não é rancorosa nem tem inveja dos amigos. Suas críticas são diretas e francas, restritas unicamente a fatos concretos que lhe parecem ruins, sem desrespeitar a pessoa, nem muito menos ferir sua integridade. Quando surgem conflitos, sempre adota uma atitude positiva, propensa a solucionar o problema. Às vezes protesta energicamente ou explode em um ataque de fúria, mas em seguida volta ao normal e recupera o equilíbrio emocional.

É ágil, ativa, trabalhadora e perseverante. Uma vez traçado um objetivo, não desistirá de se esforçar até que tenha conseguido concretizá-lo. Profissionalmente é muito competente, demonstrando uma ética elevada e uma grande responsabilidade. É prestativa, lúcida e desprendida, ganhando o respeito e a estima dos colegas. Seu raciocínio lógico, baseado em um arraigado senso de justiça, converte-a em uma excelente candidata à carreira militar, advogada, médica, juíza, professora, política ou diretora de recursos humanos.

Nascida para ser fiel e implantar a justiça, a pessoa de Cão passa toda a vida com os sentidos em guarda. Dorme "de olhos abertos" e está sempre em vigília. Não gosta de perder tempo com extravagâncias, ocupando o tempo em causas importantes, seja no campo profissional, na política, nas artes, na família ou nos relacionamentos amorosos. Não tolera a passividade, o fastio ou a indiferença. Participa ativamente na luta por um futuro melhor.

Leva uma vida cheia de peripécias, experimenta na própria carne tanto o calor humano como a frieza e o desprezo. São tantos os acontecimentos tristes e dolorosos que têm acontecido ao seu redor que tem se privado da jovialidade e do prazer. Tem uma visão existencialista da vida. Apesar de aparentemente ter um espírito elevado, no fundo não deixa de ter uma visão de mundo pessimista. Sua grande capacidade de observação permite que veja muitos perigos escondidos e a miséria humana. Tem um senso trágico da vida, e assume responsabilidades e riscos com fatalismo.

Não é materialista. Exalta mais os valores morais que a cobiça por dinheiro. Pode viver tranquilamente com toda a comodidade e luxo, mas não por isso se cala diante da mais espantosa miséria, tanto que a levaria com a mesma dignidade que na fartura. Em qualquer dos casos, cumpre religiosamente sua responsabilidade e sua ética, protegendo, ajudando, lutando, trabalhando ou inspirando.

Tem um jeito de ser simples e modesto. Evita como pode roupas chamativas e acessórios extravagantes que contradizem seu estilo natural. Aborrece-se com exibicionismos, adulações, exageros e tudo o que não seja autêntico. É conformada com a situação atual, não pretende subir de cargo ou ganhar o favor do chefe exibindo suas habilidades. Por isso é comum considerá-la pobre em suas ambições pessoais.

É uma autêntica apaixonada, apesar de manifestar seus afetos a muito custo. Não é tão apaixonada e possessiva no amor como a pessoa de Cavalo ou de Tigre, mas é muito mais profunda e séria. Desconfia do amor fácil, superficial, meramente carnal e enganador. Tem a paciência de esperar até conhecer a fundo a sua pessoa amada antes de qualquer decisão transcendental. Também abre seu mundo interior aos poucos. Uma vez que entrem em seu reino emocional, vão se dar conta de que é uma pessoa sensual e apaixonada e precisa de uma ampla e generosa resposta afetiva.

Com seus filhos é paciente e democrática. Escuta atentamente o que querem e respeita suas opiniões. Condescendente, apoia suas iniciativas de superação, dando-lhes uma ampla margem de confiança de liberdade. Procura dar o melhor exemplo com a sua própria conduta, mostrando muito interesse em que se formem com um bom senso de justiça, lealdade e dignidade.

O CÃO E OS CINCO ELEMENTOS

CÃO DE METAL (nascidos em 1910 e 1970)
Uma pessoa obstinada. Pela influência do Metal, que tem atributos como a força de vontade, a resolução e a criatividade, essa pessoa é denominada popularmente como o "Cão de ferro". É dura, franca, teimosa e muito exigente. Se trabalha em algo que tem vocação, é eficiente, infatigável, criativa e nobre. Sua posição política é definida; qualquer que seja o partido político em que milite, é muito fiel e intransigente. O signo de Metal pode ser muito positivo ou muito negativo, segundo a tendência geral ascendente ou descendente do ano; portanto, essa pessoa pode ser irritadiça se a provocam e muito agressiva diante de um desafio e da inimizade. O "Ferro é invencível". Desse modo,

seu valor e fatalidade podem convertê-la tanto em uma valente defensora da justiça como em uma fanática reacionária.

CÃO DE MADEIRA (nascidos em 1934 e 1994)
Uma pessoa carismática. O elemento Madeira lhe confere nobreza e generosidade. Não é materialista, procura dar a sua vida uma dimensão espiritual sem cair no dogmatismo. Resiste muito bem à tentação do dinheiro e do poder. É elegante, culta e sensata. Tem gostos refinados e grande capacidade intelectual. Encontra com facilidade a forma certa de tratar as pessoas, sendo sociável e gentil. Gosta de dar conselhos e de se rodear de amigos e admiradores. É organizada, compassiva, prestativa e muito digna. Seu carisma lhe confere grande capacidade administrativa e força por sua convicção. Seu defeito consiste na excessiva confiança em si mesma e na precipitação, apesar de às vezes também demonstrar ser tímida e reservada, características do signo de Cão.

CÃO DE ÁGUA (nascidos em 1922 e 1982)
Uma pessoa clarividente. A notável perspicácia e a intuição de sua personalidade reforçam-se com o elemento de Água. É a mais acessível e a mais versátil das pessoas de Cão. Não é exigente nem com os demais nem consigo mesma. Sua marcante espontaneidade lhe permite adaptar-se facilmente às circunstâncias do dia a dia, mas não às cerimônias solenes. É sociável e persuasiva. Tem grande influência entre os amigos por sua sabedoria e previsão acertada. Seus conselhos são oportunos e frequentes, e revelam uma indiscutível filosofia saudável e uma ampla visão de mundo. Domina perfeitamente suas emoções e não se deixa levar pela raiva diante de agressões. Seu defeito consiste na excessiva timidez, na desconfiança e em certa propensão a ser convencida.

CÃO DE FOGO (nascidos em 1946 e 2006)
Uma pessoa extrovertida. O Fogo exalta seu espírito de luta e limpa sua consciência. Essa pessoa é confiante, ativa e independente. Participa ativamente das causas em que acredita. É

persuasiva, audaciosa e carismática, propensa às aventuras e novas experiências. Trabalha infatigavelmente, impulsionada por ideais sociais e aspirações pessoais. É expressiva e presunçosa, adora ostentar suas habilidades e seu encanto para chamar a atenção. Eloquente, mas ponderada em seus discursos, cuida de sua imagem pública como algo essencial na vida. Suas críticas são severas, rigorosas e dolorosas. Irrita-se facilmente diante de qualquer provocação e é agressiva em suas respostas.

CÃO DE TERRA (nascidos em 1958 e 2018)
Uma pessoa virtuosa. Dotada de grande senso realista por influência da Terra, essa pessoa é altamente positiva por sua lealdade, sua seriedade e sua grande capacidade de trabalho. Tem objetivos claros, e trabalha infatigavelmente para cumpri-los. Sua perseverança é a chave de seu êxito. Otimista, fiel e competente, é apta para trabalhar em equipe. Não gosta de se vangloriar, nem de conduzir as conversas. É calada, nobre e firme. Seu comportamento é prudente, inclusive um pouco conservador. Nunca abusa da hospitalidade alheia. A lentidão com que faz as coisas deve-se à excessiva ponderação e premeditação, mas não reduz muito sua eficiência.

O CÃO E SEUS ASCENDENTES

A hora e o lugar de nascimento influenciam em nossa personalidade. O denominado ascendente refere-se ao signo astrológico que nasce no leste no momento do nosso nascimento. Cada animal do Zodíaco chinês domina duas horas. Isto determina a influência de determinado signo no modo de agir e sentir de uma pessoa.

CÃO COM ASCENDENTE EM RATO (das 23h à 1h)
O signo de Rato influencia em sua ambição por dinheiro, confrontando seu temperamento antimaterialista. Também escalará degraus para conseguir concretizar suas ambições. Será uma pessoa perspicaz, esperta, ágil e muito sensual. O lar será outra realização de sua vida.

CÃO COM ASCENDENTE EM BOI (da 1h às 3h)
A influência do signo de Boi faz que essa pessoa seja extremamente perseverante em seus propósitos, conservadora em suas posições políticas e estéticas, e infatigável no trabalho. A honra e a modéstia são aspectos relevantes em sua personalidade, além de ser uma pessoa amorosa e sensata.

CÃO COM ASCENDENTE EM TIGRE (das 3h às 5h)
A paixão e a vitalidade do signo de Tigre combinam com o entusiasmo e a agilidade do signo de Cão, resultando em uma pessoa vigorosa, hiperativa, romântica e possessiva. Trabalhará por toda a vida por seus nobres ideais e demonstrará uma grande compaixão e ternura para com as pessoas.

CÃO COM ASCENDENTE EM COELHO (das 5h às 7h)
Essa pessoa reunirá todas as virtudes de seu signo juntamente às do signo de Coelho: será lúcida, talentosa, ponderada, diplomática, muito fiel e compassiva. Trabalhará com entusiasmo e eficácia. Mas adotará uma visão de mundo existencialista.

CÃO COM ASCENDENTE EM DRAGÃO (das 7h às 9h)
Uma pessoa idealista por excelência. O signo de Dragão estimula seu amor pela justiça. Lutará com desprendimento pelas causas que considera justas. Será propensa a criar grandes projetos por conta de sua desmedida imaginação. Será uma pessoa indomável, fiel, voluntariosa e muito nobre.

CÃO COM ASCENDENTE EM SERPENTE (das 9h às 11h)
Calada, ponderada, elegante e segura, essa pessoa demonstra muita serenidade espiritual e grande equilíbrio emocional. O signo de Serpente proporciona um encanto incomum a sua personalidade, convertendo-a em uma sedutora irresistível. Passará por peripécias amorosas e terá muitos admiradores.

CÃO COM ASCENDENTE EM CAVALO (das 11h às 13h)
O signo de Cavalo torna-a extremamente sociável. Terá amigos aonde for, com quem será aberta, franca, gentil e muito flexível.

Aspira à independência e à liberdade, despreocupada por bens materiais. Ágil, dinâmica, aventureira, idealista, sua vida estará em constante movimento.

CÃO COM ASCENDENTE EM CABRA (das 13h às 15h)
O signo de Cabra cria novas dimensões em sua personalidade: seu senso de compaixão tende a se converter em sentimentalismo, sua habilidade adquire dons artísticos e sua timidez transforma-se em insegurança. Será a pessoa de Cão mais refinada, terna e ligada às artes. Além disso, revelará grande apego ao lar.

CÃO COM ASCENDENTE EM MACACO (das 15h às 17h)
A influência do signo de Macaco é positiva, pois atenua o pessimismo existencialista de seu mundo interior, dando-lhe humor e jovialidade. Será inteligente, hábil e vivaz ao extremo. Um pouco vaidosa, mas não infringirá os valores da moral ortodoxa. É a pessoa de Cão mais inteligente e criativa.

CÃO COM ASCENDENTE EM GALO (das 17h às 19h)
A pessoa que nasce com esse ascendente destaca o dom analítico. É ranzinza, moralista e perfeccionista. Tem vocação para trabalhos mais abstratos graças à sua imaginação exacerbada e sua propensão à fantasia. Será obstinada e grandiloquente. Passará toda a vida responsável pelos interesses de quem defende.

CÃO COM ASCENDENTE EM CÃO (das 19h às 21h)
A repetição de seu signo consolidará suas virtudes: será um exemplo digno de fidelidade, seriedade, respeito e companheirismo. Sempre confiável, tem um espírito indobrável que luta por justiça. Seu lado negativo é o seu arraigado pessimismo.

CÃO COM ASCENDENTE EM PORCO (das 21h às 23h)
Será compreensiva com os demais e descuidada consigo mesma. Sua grande inclinação para os prazeres terrenos reduz seu senso de justiça e a nobreza de seu espírito. Desfruta com verdadeiro entusiasmo do conforto, do lar e do sexo. Profissionalmente é eficiente, abnegada e criativa.

COMO A PESSOA DE CÃO PASSA OS OUTROS ANOS DO ZODÍACO CHINÊS?

ANO DO RATO
É um ano particularmente bom para a pessoa de Cão. Terá grandes satisfações nos negócios e na vida profissional. Aumentará muito seus rendimentos. Desfrutará de uma boa saúde e de harmonia na família. É melhor poupar o máximo possível, para prevenir eventuais tempos de escassez.

ANO DO BOI
Um ano imprevisível. Irá se sentir um pouco aflita pelos trabalhos que se acumularão. Surgirão alguns mal-entendidos na família e no trabalho por não ter se explicado melhor. É melhor evitar sua teimosia para que as coisas não se compliquem. Se persistir em seus esforços e lealdade, poderá superar a situação adversa e abrir novos horizontes.

ANO DO TIGRE
Terá um pleno desenvolvimento profissional, com um avanço considerável de seus objetivos. Não terá maiores problemas no plano familiar. As esporádicas discussões serão passageiras e não deixarão rastros no equilíbrio emocional com a pessoa que está ao seu lado. Experimentará alguma desilusão, mas também terá boas notícias.

ANO DO COELHO
Aparecerão boas oportunidades para a realização de seus objetivos no trabalho. Terá uma grande possibilidade de sucesso caso saiba compreender a situação. Estarão em boas condições seu físico e suas faculdades mentais. Passará por dificuldades, mas não serão insuperáveis. A lucidez e a diplomacia do signo de Coelho serão recursos valiosos para alcançar seu objetivo.

ANO DO DRAGÃO
Enfrentará um ano adverso em que terá de lutar sem descanso contra as agressões dos inimigos. Sofrerá transtornos físicos que

lhe deixarão de cama durante algum tempo. Precisará da solidariedade dos amigos porque o inimigo é poderoso e soberbo. Não é recomendável empreender novos projetos se não está absolutamente segura de seu êxito. Até o meio do ano, a situação pode melhorar.

ANO DA SERPENTE
Um ano que prenuncia uma esplêndida prosperidade econômica e profissional. Tirará muito proveito de seus investimentos financeiros e sentimentais. Experimentará plena satisfação no amor. A sorte vai lhe sorrir, tudo será fácil e nada vai lhe negar o sucesso. Só é preciso que tenha em mente um antigo provérbio chinês: "A extrema fluidez conduzirá ao tropeço".

ANO DO CAVALO
Será um ano de estabilidade e desenvolvimento. Tudo irá de vento em popa, profissional, econômica e afetivamente. Vai chegar mais longe do que imagina. Ocorrerão pequenos atritos familiares e perderá uns objetos sem muita importância. Um ano bom para realizar viagens e atividades desportivas. Brilhará nas festas e terá muita estima dos amigos.

ANO DA CABRA
Ficará preocupada com alguns problemas relacionados à profissão e à família. Caso se mantenha calma e tenha um pouco de humor, poderá sair da má fase totalmente ilesa. A recuperação será fácil. Os gastos aumentarão muito. É melhor controlar o orçamento freando alguns caprichos.

ANO DO MACACO
A inteligência, agilidade e perspicácia do signo de Macaco lhe darão mais flexibilidade ao tratar dos assuntos profissionais e pessoais. Às vezes será oportunista para conseguir alguns benefícios imediatos. Por isso perderá prestígio e muitos amigos. Será necessário fazer uma boa autocrítica, para desfazer as motivações egoístas que levaram você a agir desonestamente.

ANO DO GALO
Terá um ano difícil. Os pequenos problemas de saúde poderão se complicar. Os amigos mostrarão pouca disposição em lhe ajudar. Irá se sentir lesada. Sofrerá as consequências de seu orgulho e insensatez. Os rendimentos vão cair, apesar de trabalhar mais e não gastar nada com coisas supérfluas. Os conflitos na família e nas relações de trabalho devem aumentar devido a sua intransigência.

ANO DO CÃO
Intensificará suas relações com os amigos. Sentirá a necessidade de dedicar mais tempo para se superar no trabalho e restaurar o equilíbrio emocional. Precisará ter novas inspirações para superar o tom pessimista de sua vida e recuperar a confiança em si mesma.

ANO DO PORCO
Voltará a levantar seu ânimo. Irá se sentir mais equilibrada e motivada para trabalhar e desfrutar da vida. Terá mais apego à família, às relações amorosas e ao trabalho cotidiano. Conseguirá uns rendimentos extras e normalizará totalmente sua amizade e seus afetos. Viajará algumas vezes a trabalho, sem muito interesse turístico.

A PESSOA DE CÃO NO AMOR

CÃO E RATO
Um casal cujo êxito depende do equilíbrio de sua visão de mundo. Ambos são amistosos, abertos e tolerantes. Há uma boa perspectiva em seu matrimônio. A mulher de Rato é gentil, carinhosa e boa administradora do lar. O homem de Cão ausenta-se um pouco dos afazeres domésticos, ocupando-se em sustentar a família. Essa divisão de trabalho favorece a independência de cada um, já que se movem em diferentes terrenos, com plena liberdade e autonomia. Suas contradições consistem em suas diferentes visões de mundo: o homem de Cão é idealista, propenso ao pessimismo, enquanto a mulher de Rato é materialista e otimista. Suas relações afetivas são alentadoras e satisfatórias.

CÃO E BOI
Um casal que precisa se consolidar. Os dois são francos, sérios e fiéis, mas não se dão muito bem por conta da enorme diferença de seu temperamento. A mulher de Boi é obstinada e reprimida, apegada a valores conservadores, enquanto o homem de Cão é franco e extrovertido, com um espírito renovador. Os conflitos são frequentes e inevitáveis. Queixam-se e ficam desgostosos. Mas felizmente ambos são tão lúcidos que podem dominar seus impulsos e restaurar seu equilíbrio. O essencial é que façam concessões e respeitem a liberdade e a independência respectivas. Levam uma vida emocional muito monótona e pouco imaginativa. De certa forma, sofrem de repressão sexual.

CÃO E TIGRE
Um casal harmonioso. A união entre essas duas pessoas idealistas e compassivas lhes trará muita felicidade e total satisfação tanto em sua convivência cotidiana como em suas relações afetivas. A pessoa de Cão é generosa, atenta, persuasiva e fiel, sabe acalmar os impulsos irracionais da pessoa de Tigre, respeitando sua independência e espírito rebelde. O otimismo da pessoa de Tigre neutraliza a tendência existencialista da pessoa de Cão. Ambos desfrutam de plena realização na família, tendo prazer, tranquilidade e muita felicidade. É uma aliança benéfica.

CÃO E COELHO
Um casal equilibrado e feliz. A imaginação, o talento e a diplomacia da pessoa de Coelho associam-se com a franqueza, a lealdade e o entusiasmo da pessoa de Cão. E ainda ambos são competentes, sociáveis e compassivos. A pessoa de Cão não é materialista e se conforma com uma vida simples. Contudo, procura oferecer toda a comodidade e conforto que a pessoa de Coelho precisa, e esta lhe dá bons conselhos para evitar conflitos e buscar paz e sossego. Admiram-se e se amam com sinceridade. A união é duradoura e satisfatória.

CÃO E DRAGÃO
Um casal que luta pela supremacia no relacionamento. Um desconfia do outro profundamente. Passam a vida disputando pela

hegemonia na família. Uma luta sem trégua para um impor-se ao outro e não darem o braço a torcer. Às vezes, a pessoa de Cão quer se reconciliar, mas muda logo de ideia ao se deparar com a arrogância e o despotismo da pessoa de Dragão. Esta irá dar-se conta do caráter obstinado da pessoa de Cão, que se mostra guerreira e impiedosa caso se sinta acuada. Levam uma convivência cheia de discussões ásperas e desafios agressivos, interrompidos regularmente pela paixão carnal. É a aliança do ódio e do amor.

CÃO E SERPENTE
Um casal distanciado. Apesar de sua perspicácia, a pessoa de Cão não pode evitar a flecha certeira da serpente sedutora. Esta admira a lealdade e a nobreza de sua parceira, mas não quer assumir o mínimo sacrifício. Por outro lado, não sacia nunca seu desejo de comodidade e sensualidade, o que enerva a pessoa de Cão. Falta a compreensão mútua. Não podem penetrar no mundo interior de cada um. Suas metas são incompatíveis, assim como em seu jeito de ser. Se tivessem um pouco de compreensão mútua, poderiam levar seu matrimônio adiante.

CÃO E CAVALO
Um casal dinâmico. A união entre duas pessoas honestas, compreensivas e ativas proporciona-lhes muitas coisas em comum. Respeitam a independência e a liberdade um do outro, admiram as respectivas virtudes e se apoiam mutuamente. Não compartilham os mesmos princípios em tudo, mas se ajeitam muito bem, já que o senso de justiça da pessoa de Cão não se choca contra a generosidade da pessoa de Cavalo, muito menos existem contradições entre a lealdade do primeiro e o otimismo do segundo. Suas relações afetivas pedem mais vigor quando têm mais imaginação ou quando a rotina é rompida.

CÃO E CABRA
Um casal em discordância. São duas pessoas conflituosas em seus gostos e em seu jeito de ser, por isso a união cria uma série de complicações emocionais. A pessoa de Cão termina esgotando

a paciência diante da doentia melancolia da pessoa de Cabra, e esta irá se sentir desolada com a irritabilidade e grosseria da pessoa de Cão. Vão se sentir insatisfeitos pela falta de compreensão e ternura. O desapreço e as decepções afetarão seriamente suas relações afetivas. Desaparecerá a paixão que os unia, e em seu lugar será erguido o muro da frieza e da indiferença.

CÃO E MACACO
Um casal que pode dar certo. Serão suficientemente lúcidos para perdoar os defeitos um do outro, levando a união ao êxito. A pessoa de Cão admira a inteligência e a jovialidade da pessoa de Macaco. O primeiro dá-se muito bem com ela, enquanto a pessoa de Macaco não lhe enche. Esta aprecia a capacidade e a franqueza da pessoa de Cão, animando-a quando a vê deprimida. O humor da pessoa de Macaco concilia-se muito bem com o momentâneo pessimismo da pessoa de Cão. Contudo, a oposição entre o idealismo da pessoa de Cão e o materialismo da pessoa de Macaco cria divergências e conflitos. Mesmo nessas circunstâncias, podem conviver harmoniosamente porque a pessoa de Cão é aberta e a de Macaco é flexível. Sua vida afetiva está carregada de sensualidade e atração mútuas.

CÃO E GALO
Um casal que passa da frieza à convivência pacífica. Ambos são exigentes, diretos, analíticos e ranzinzas. Quando começam a viver juntos, desafiam um ao outro e se queixam em brigas intermináveis. Ao se convencerem de que as brigas não são nada construtivas, reconciliam-se e respeitam a liberdade e a independência recíprocas. Afinal, a pessoa de Galo não deixa de ser honesta, sincera e idealista; e a pessoa de Cão é fiel, valorosa e trabalhadora. Além disso, compartilham amplamente seus ideais de perfeição. A pessoa de Cão admira a elegância da pessoa de Galo e se sente excitada cada vez que demonstra sua paixão.

CÃO E CÃO
Um casal muito parecido. Possuem as mesmas virtudes e compartilham os mesmos defeitos. Seus conhecimentos e experiên-

cias são muito similares. Amam-se, brigam, distanciam-se e se reconciliam ciclicamente. São muito exigentes um com o outro e complacentes consigo mesmos. Parecem duas crianças crescidas que não levam nada a sério. Mas logo se solidarizam diante de qualquer desafio que ameace sua união. No fundo, querem um ao outro terrivelmente, mas não sabem exteriorizar seus sentimentos. São tímidos e rudes para a linguagem do amor, mas muito fiéis e generosos.

CÃO E PORCO
Um casal feliz. São muito diferentes, mas se atraem como dois ímãs. A mulher de Porco admira a fidelidade e a nobreza de seu marido, e trata de fazer o seu gosto com um mar de ternura e sensualidade. O marido de Cão sente-se satisfeito com sua companheira, pois ela é organizada, centrada e autêntica. Compreendem um ao outro, amam-se e se deleitam sem complexo algum. Desfrutam da convivência com uma satisfação verdadeira. A união entre essas duas pessoas é segura, duradoura e gratificante. As discórdias que surgem de vez em quando são passageiras e superficiais, e não podem afetar seu relacionamento nem um pouco. Mas terão um grande dilema: o lar ou o ideal? Ou as duas coisas?

PORCO

CARACTERÍSTICAS FUNDAMENTAIS

Pronúncia em chinês	Zhu
Nº de ordem no Zodíaco chinês	Décimo segundo
Horas que rege	21 – 23
Direção do seu signo	Norte / Nordeste
Estação e mês que domina	Outono – novembro
Elemento fixo	Água
Tronco	Yin (positivo)

TABELA DE CORRESPONDÊNCIAS COM O CALENDÁRIO CRISTÃO

Desde	Até	Elemento	Aspecto
30.1.1911	17.2.1912	Metal	Yin
16.2.1923	4.2.1924	Água	Yin
4.2.1935	23.1.1936	Madeira	Yin
22.1.1947	9.2.1948	Fogo	Yin
8.2.1959	27.1.1960	Terra	Yin
27.1.1971	14.2.1972	Metal	Yin
13.2.1983	1º.2.1984	Água	Yin
31.1.1995	18.2.1996	Madeira	Yin
18.2.2007	6.2.2008	Fogo	Yin
5.2.2019	24.1.2020	Terra	Yin

O PORCO

O Porco ocupa o último lugar do Zodíaco chinês. Segundo conta a lenda, o Porco, sabendo de sua lentidão, saiu muito adiantado na noite anterior para chegar a tempo ao chamado de Buda. Contudo, parou no meio do caminho para ajudar o Cão e o Coelho, que iam para o mesmo lugar e se encontravam em dificuldades. Consequentemente, chegou tarde e ficou excluído do Zodíaco. Mas, convencido pelo Cão e pelo Coelho, e para premiar a sua boa conduta e sua generosidade, Buda abriu uma exceção, colocando-o no último posto para fechar o ciclo de doze anos.

Na China, o porco é considerado essencial na vida da população, como o arroz e as verduras. Isso contribui, pelo seu valor nutritivo considerável, para que a sua criação estenda-se por todo o país, não só em criadouros estatais, mas também em casas particulares. A carne suína é a mais consumida nesse país, muito mais que a bovina. No inverno, os camponeses costumam abater porcos às vésperas do Ano-novo Chinês, para celebrarem as festas e fazerem presuntos, chouriços e toucinhos ao longo do ano.

O signo de Porco costuma ser associado a uma série de características humanas, tanto nas virtudes como nos defeitos: simplicidade, gentileza, conformismo, sociabilidade, sensualidade e voluptuosidade.

Como personagem literária, nada é mais típico que o Porco Oito Abstinências, personagem famosíssima de um romance clássico de ficção científica, *Jornada ao Oeste*. Nesse romance são contadas as peripécias ao longo da viagem até a Índia que um monge realizou para trazer livros budistas. O Porco havia sido marechal no céu, mas por conta de sua fraqueza pelas bebidas e pelas mulheres foi expulso de lá e enviado para a Terra, convertendo-se em um homem com cabeça de porco. E ele participou da expedição para proteger o monge budista. Durante o caminho, cumpriu com seu dever, e inclusive mostrou-se solícito e valente em alguns momentos. Mas sempre pecava pela gula e fraqueza pelas mulheres. É uma personagem profundamente realista e de grande comicidade teatral. Na China, até as crianças conhecem suas graciosas histórias. Dessas histórias surgiram uma grande quantidade de ditos e provérbios relacionados com essa personagem cômica, que sintetiza quase todas as referências ao Porco.

O ANO DO PORCO

O ano do Porco é um ano promissor e propício para os negócios. A indústria e a agricultura podem registrar um considerável desenvolvimento, contribuindo para o crescimento da economia.

A gentileza e a compaixão que caracterizam a personalidade desse animal criam uma maior compreensão e tolerância nas relações familiares e sociais. Inclusive no plano internacional os conflitos e tensões diminuem de intensidade.

O ano do Porco dá mais segurança e confiança às pessoas. A vida segue sem empecilhos, cheia de gozos materiais e satisfação sexual. São estabelecidas novas amizades e consolidados os relacionamentos amorosos. É um ano de reconciliação, amizade e amor.

As concorrências se suavizam e há mais igualdade na distribuição de renda e na justiça. A vida social fica mais intensa e proliferam as atividades recreativas.

Serão inevitáveis os esbanjamentos e desperdícios. O comportamento geral será, de certo modo, descomedido, infringindo muitas vezes as convenções morais e éticas. Portanto, é preciso que sejamos mais racionais, tratando de evitar, no que for possível, excessos gerados pelo impulso que só trazem consequências desagradáveis.

A PERSONALIDADE DA PESSOA DE PORCO

Não há nenhum signo no Zodíaco chinês que se destaque como a pessoa de Porco pela sua simplicidade e gentileza. Não é tão ambiciosa como a pessoa de Dragão, tão demagoga como a de Macaco e de Tigre, tão sedutora como a de Serpente, nem tão delicada como a de Cabra. A pessoa de Porco tem um mundo interior impregnado de bondade, ternura e sensualidade. É o signo mais humano de todos.

A pessoa de Porco é respeitosa e atenciosa. Nunca tenta se impor ferindo a independência dos demais. Acata a integridade e a dignidade alheias como se fossem suas. Escuta atentamente o que as pessoas falam; fazendo alguma pergunta ou expressando algum consentimento, logo dará seus conselhos ou manifestará sua solidariedade. Pode ser que suas observações não sejam as mais lúcidas do mundo, mas nunca ficará indiferente nem tentará obrigar aos outros a aceitar seus princípios.

A cordialidade é a sua principal característica. Anfitriã efusiva, muito atenta, vai agradá-lo com o melhor de sua casa, atenta até o último detalhe para que você passe bem, isso ao meio de uma infinita sinceridade e gentileza. Não faz essas coisas com propósitos egoístas, à espera de que façam o mesmo no futuro ou à espera de um favor em troca. Nisso ela é quase como as pessoas mais humildes, do povo, espontânea, afável e simples.

Indulgente, sabe perdoar os erros dos outros, sem guardar rancor, mesmo quando a afetam. É consciente de que qualquer ser humano se equivoca, portanto é necessário que se dê uma chance para que corrijam os erros. É a primeira a estender a mão amistosamente sempre que o erro é reconhecido. Inclusive consola a pessoa, animando-a com umas palmadinhas nas costas. Esse generoso perdão lhe permite preservar as boas relações com alguns amigos, que se convertem em seus parceiros incondicionais.

Sua filosofia de vida está fundada na tolerância e na boa vizinhança. É ela quem melhor aguenta os caprichos, a insolência, o insulto e as impertinências das pessoas que cruzam seu caminho. Está convencida de que a condescendência proporciona a perfeição e a convivência pacífica. Sempre afável, estoicamente tolerante, não discute com ninguém nem briga para tirar vantagens. Às vezes se aborrece diante de uma humilhação, mas sua fúria dirige-se ao mero ato ofensivo e não tomaria a quem a ofendeu como uma inimiga para o restante da vida. Não lhe ocorrerá nunca a possibilidade de se vingar.

É ingênua, inocente e boazinha. Seu coração não tem espaço para a maldade. Sua facilidade em se compadecer e sua ampla hospitalidade às vezes fazem-na vítima de enganadores e mentirosos.

A pessoa de Porco é prática e realista. Aborrece-se com as doutrinas dogmáticas e as fantasias utópicas. Seu mundo resume-se ao presente, vive estritamente a atualidade, desfrutando de tudo o que os seus sentidos permitem. É gulosa e sensual, não se priva de nada que lhe permite desfrutar dos prazeres terrenos, sem que isso fira a moral e as convenções sociais. Para lhe satisfazer, não lhe faz falta luxo nem coisas caras e refinadas, pois se deleita com o cotidiano e com o trivial.

Sendo materialista por excelência, não é mesquinha. Compartilha generosamente o que tem. Conforma-se com o que é seu, sem ambição por lucro por vias imorais e ilegais. Naturalmente, também não tem escrúpulos em aceitar um bom pedaço de torta se alguém oferece a ela.

Esse signo não está traçado para ostentar modos refinados ou um espírito elitista. Carece de uma cultura refinada e de uma aguda sensibilidade para as artes e a filosofia. Também não é a pessoa apropriada para prever o futuro, já que tem uma visão precária do mundo. Contudo, é uma artista em dar brilho a uma vida opaca e proporcionar pequenos luxos dentro da simplicidade.

A pessoa de Porco é afetuosa e apaixonada. Tem uma verdadeira vocação para amar. Quando se apaixona, é capaz de fazer qualquer sacrifício para satisfazer a pessoa amada. É apaixonada e febril em suas relações emocionais. Desfruta intensamente da companhia da pessoa amada e dos atos eróticos. Uma vez casada, é fiel e compreensiva, dedicando-se ao máximo à pessoa amada. É no amor que a pessoa de Porco se sente autenticamente realizada.

Caseira, passa muito tempo arrumando a casa ou reparando algo quebrado. Atenciosa e compreensiva com os filhos, responde às suas perguntas com paciência e carinho. Corrige seus defeitos em um tom amigável, sem nunca impor uma ordem a gritos. É uma companhia agradável tanto para os filhos como para o matrimônio, devido a sua ternura e sinceridade. Seu lar é cheio de carinho, onde não faltam nem afeto nem o essencial para viver.

Profissionalmente é séria, responsável e prestativa. Desenvolve-se melhor em trabalhos que não requerem muita imaginação ou raciocínio: algum posto técnico, administrativo ou funções pouco delicadas.

É muito honrada nos negócios, já que se nega à especulação e à fraude.

A mulher de Porco tem a peculiaridade de ser extremamente limpa e organizada. É independente, digna e empenhada no que pretende fazer. É agradável, não só com os amigos, mas também com as pessoas que ainda não conhece bem. Onde ela estiver sempre será um ambiente cordial e tranquilo. Desdobra-se para que os trabalhos saiam perfeitos. Pode sacrificar horas de descanso, mas não permite que um trabalho fique malfeito.

O PORCO E OS CINCO ELEMENTOS

PORCO DE METAL (nascidos em 1911 e 1971)
Uma pessoa empreendedora. O elemento Metal fortalece a sua força de vontade e aumenta sua autoconfiança. É firme, obstinada e ambiciosa, esforça-se pelo cumprimento exato de seu objetivo, sem desanimar diante das dificuldades. Seu caráter extrovertido e sociável lhe permite ter muitos amigos, a quem trata com respeito, gentileza e bastante ingenuidade. Espera que eles lhe correspondam do mesmo modo, assim costuma sentir-se ferida. Seu mundo interior é rico em fortes emoções. É uma lutadora valente e uma amante febril. Tem um forte espírito de independência, e sempre procura resolver os problemas de sua vida por seus próprios meios. Não gosta que interfiram em seus assuntos privados. Sem ser materialista, sonha em ter dinheiro e poder para satisfazer seus desejos e atingir uma plena realização pessoal.

PORCO DE ÁGUA (nascidos em 1923 e 1983)
Uma pessoa intuitiva. O elemento Água é o criador de sua clarividência e flexibilidade. Essa pessoa é perspicaz e intuitiva, tem

facilidade para penetrar no mundo interior dos demais. Ingênua e precavida ao mesmo tempo, sabe evitar problemas habilmente porque descobre as más intenções de quem quer abusar dela. Mas se nega a responder com a mesma maldade. Espera que os malfeitores se autodestruam com o tempo, pois sua visão de mundo lhe ensina que não há nada no mundo que fique intacto com o passar dos anos. É prática, sincera e efusiva, com poder persuasivo e o dom de lidar com as pessoas. Por trás de sua flexibilidade esconde-se a férrea firmeza de concretizar seus objetivos, seja qual for o obstáculo.

PORCO DE MADEIRA (nascidos em 1935 e 1995)
Uma pessoa bondosa. A Madeira enobrece sua personalidade, proporcionando-lhe bondade e carisma. Essa pessoa tem um coração de ouro. É compassiva, misericordiosa e indulgente. Realiza-se nas causas sociais beneficentes. Profissionalmente é organizada, sensata e resolvida. Sua atitude prestativa lhe permite trabalhar em grupo com total eficiência e muito companheirismo. É paciente e compreensiva, tem o dom de convencer as pessoas, pois suas observações são sinceras, racionais e realistas. Gosta do equilíbrio e da harmonia em suas relações afetivas. É responsável com os filhos e terna com a pessoa amada. Vive bem economicamente, pois é uma boa administradora do orçamento e especialista em dinheiro.

PORCO DE FOGO (nascidos em 1947 e 2007)
Uma pessoa apaixonada. O fogo enaltece seu espírito de luta. Essa pessoa demonstra um ímpeto e um heroísmo pouco frequentes em seu signo. É febril, dedicada e não poupa esforços para concretizar seus objetivos. E isso pode ser glorioso ou desastroso, dependendo do caminho que escolher e se controlar suas emoções eficientemente. Tem metas muito claras para sua vida, cuja realização lhe impulsiona a trabalhar infatigavelmente. É cheia de energia, resolvida, audaciosa, imaginativa e agressiva. Desdobra-se para melhorar a perspectiva da família. Exigente e categórica com os filhos, quer passar-lhes os valores comportamentais tradicionais. Possessiva e apaixonada em seus relacionamentos, considera que o amor é a essência da vida.

PORCO DE TERRA (nascidos em 1959 e 2019)
Uma pessoa típica do signo de Porco. A combinação dos traços desse elemento com sua personalidade é positiva para reafirmar todas as características do signo: realismo, senso prático, generosidade, gentileza, simplicidade, honestidade, gosto pelo trabalho, seriedade, ternura, sensualidade e paixão. Sem ambições desmedidas, essa pessoa de Porco conforma-se com o que tem. Desfruta de modestos prazeres como se fossem as maiores delícias do mundo. É amena e comunicativa, com um bom círculo de amigos. Profissionalmente é muito competente e tem a estima dos colegas. Graças ao seu esforço e à sua modéstia, será promovida a um cargo superior ou terá um considerável progresso em seus negócios. Detesta extravagâncias e só deseja uma vida tranquila: a ternura da família e pequenos luxos materiais e sensoriais.

O PORCO E SEUS ASCENDENTES

A hora e o lugar de nascimento influenciam em nossa personalidade. O denominado ascendente refere-se ao signo astrológico que nasce no leste no momento do nosso nascimento. Cada animal do Zodíaco chinês domina duas horas. Isto determina a influência de determinado signo no modo de agir e sentir de uma pessoa.

PORCO COM ASCENDENTE EM RATO (das 23h à 1h)
A influência do signo de Rato faz que essa pessoa seja perspicaz e astuta, apropriada para gestões comerciais. Será ativa em atividades sociais, poupadora e cordial. Não vive o momento, sabe guardar comida para os tempos de escassez.

PORCO COM ASCENDENTE EM BOI (da 1h às 3h)
O signo de Boi reforça seu conservadorismo e freia a sua ansiedade pelos prazeres. Irá se inclinar a refletir antes de tomar qualquer decisão. Suas atitudes são lentas, mas pensadas, e por isso tem maior probabilidade de darem certo.

PORCO COM ASCENDENTE EM TIGRE (das 3h às 5h)
Terá nobres ideais, pelos quais lutará por toda a vida. Assumirá todo o risco que for necessário, mas não dará nem um passo para trás. É extrovertida, impulsiva, suscetível a influências alheias e tem dotes artísticos.

PORCO COM ASCENDENTE EM COELHO (das 5h às 7h)
Sociável, diplomática, amante do conforto, a pessoa de Porco com ascendente no signo de Coelho trabalhará com eficiência e viverá em um ambiente de paz e estabilidade. Será cautelosa nas decisões e competente profissionalmente.

PORCO COM ASCENDENTE EM DRAGÃO (das 7h às 9h)
Essa pessoa será ambiciosa e ativa. É capaz de subir aos céus ou descer ao inferno pelos seus ideais ou pela pessoa amada. Tem triunfos e fracassos em sua vida arriscada. É idealista em sua visão de mundo, mas ao mesmo tempo é realista em seu modo de enfrentar a realidade.

PORCO COM ASCENDENTE EM SERPENTE (das 7h às 9h)
Com uma boa dose de serenidade, o signo de Serpente supre a deficiência da insegurança da pessoa de Porco. Será sábia, comedida, perseverante e fascinante. Sua simplicidade reveste-se de uma refinada elegância, e sua gentileza e simplicidade são substituídas pela indiferença e pela frieza.

PORCO COM ASCENDENTE EM CAVALO (das 11h às 13h)
O signo de Cavalo lhe dá vitalidade e asas à imaginação. Amará a independência e a liberdade. Desfrutará de incessantes aventuras e de uma plena vida amorosa, sem preocupações materiais nem familiares. Irá se desdobrar pelo amor e pelos prazeres mundanos.

PORCO COM ASCENDENTE EM CABRA (das 13h às 15h)
O signo de Cabra duplica sua compaixão e a introduz ao mundo dos sentimentos. Refinará seus hábitos e gostos, enternecendo seu coração. Suscetível e delicada, essa pessoa gastará seu dinheiro em caprichos artísticos.

PORCO COM ASCENDENTE EM MACACO (das 15h às 17h)
Será inteligente, ambiciosa e muito competente para os negócios. Multifacetada, vaidosa e um pouco hipócrita, a incidência do signo de Macaco é alienante para sua autêntica personalidade.

PORCO COM ASCENDENTE EM GALO (das 17h às 19h)
Com a influência do signo de Galo, essa pessoa fará de sua vida uma utopia. Heroica, idealista e orgulhosa, lutará contra as injustiças reais e imaginárias. Será indiferente diante das ambições convencionais e dos interesses materiais.

PORCO COM ASCENDENTE EM CÃO (das 19h às 21h)
Irá se desdobrar em lutar contra a falsidade e a hipocrisia, trabalhando pela justiça e pela autenticidade. Será extremamente fiel e compassiva. Não tem papas na língua e diz a verdade com uma franqueza que pode machucar. Um pouco pessimista em sua visão de mundo.

PORCO COM ASCENDENTE EM PORCO (das 21h às 23h)
Essa pessoa parece uma joia não lapidada. Um bom polimento poderia transformá-la em uma valiosa obra de arte. Equilibrada e prática, tem um coração bondoso e compassivo. Amante sensual e apaixonada, sua verdadeira realização no mundo reside no amor.

COMO A PESSOA DE PORCO PASSA OS OUTROS ANOS DO ZODÍACO CHINÊS?

ANO DO RATO
Para a pessoa de Porco, este é um ano instável. Encontrará dificuldades no trabalho e desgostos na família. Perderá o que acreditava ter conquistado. Apesar de seus esforços e estoicismo para superar a situação adversa, seguirá retida por angústias intermináveis.

ANO DO BOI
Um ano bom. Uma perspectiva promissora é aberta, para a qual deve trabalhar com inteligência. Começará a executar seus

planos com o fim de se superar tanto profissional como economicamente. Apesar de não passar por marcantes frustrações, alguma aventura amorosa lhe provocará discórdias familiares.

ANO DO TIGRE
Será um ano penoso no qual terá de passar por apuros econômicos e hostilidades. Os seus rendimentos irão mal, pois surgirão uns gastos imprevistos: multas, impostos ou gastos em questões jurídicas. Desconfiará dos amigos por sua indisposição e indiferença nos momentos em que precisava de ajuda.

ANO DO COELHO
Será um ano regular para a pessoa de Porco. Os rendimentos não serão ruins e seu trabalho irá se desenvolver sem novidades, e também desfrutará de estabilidade familiar. Terá muitos compromissos, e uma intensa e ativa vida social. Tropeçará em alguns problemas nos campos profissional e sentimental, mas não afetarão, contudo, o curso normal de sua vida. Sentirá um pouco de angústia pela opacidade de sua vida e pela falta de oportunidades para uma maior realização pessoal.

ANO DO DRAGÃO
Desenvolverá sem obstáculos seus planos profissionais e suas aspirações pessoais. Encontrará o apoio de algumas pessoas influentes, e ganhará a admiração do superior e o respeito dos colegas. Tranquilidade na família. Contudo, é preciso que tenha muito cuidado com a saúde e com a sua segurança, assim como com as das pessoas que ama, pois podem adoecer ou sofrer algum acidente que mudará o bom curso da situação.

ANO DA SERPENTE
As conjunturas e o desejo de uma maior realização profissional e econômica lhe levarão a executar planos audaciosos para alcançar novos objetivos. Irá se aventurar em negócios arriscados e projetos desafiadores, nos quais poderá ter alguns êxitos e sofrer muitas frustrações. Terá muitos gastos, discórdias e desen-

ganos amorosos. Farão falta a astúcia e a lucidez do signo de Serpente para enfrentar projetos dessa envergadura.

ANO DO CAVALO
Terá sorte nos investimentos; sejam eles feitos pessoalmente ou efetuados pelos amigos, os benefícios serão compensadores. Os fatores que impediam suas pretensões econômicas perderão sua força, e a situação se tornará favorável para iniciar novos projetos. Conhecerá novos amigos e participará de festas espetaculares ou de viagens ligeiramente exóticas.

ANO DA CABRA
Um ano tranquilo lhe espera. Apesar de progredir pouco em seus projetos pessoais, contudo não passará por grandes infortúnios. Boa saúde e muita ternura na família. Nesse meio-tempo, poderá preparar-se para concursos ou fazer algum curso em sua área profissional. As oportunidades aparecerão a qualquer momento, então é bom que esteja preparada e tome atitudes para aproveitá-las.

ANO DO MACACO
Terá mais problemas que satisfações. Os apertos no orçamento, somados a desgostos familiares e dificuldades profissionais, irão submetê-lo a uma situação delicada, da qual custará sair. Precisará enfrentar a adversidade com a cabeça no lugar para não cair em uma depressão. Para superar essa situação, precisará de uma disciplina rigorosa e um esforço sistemático. Não será difícil se tiver ânimo.

ANO DO GALO
Trabalhará com muita dedicação, com um verdadeiro sacrifício. Mas os resultados não serão tão satisfatórios como deveriam. Dedicará muito tempo combatendo os obstáculos reais ou imaginários, o que supõe um gasto enorme de energia. Ao menos as brigas na família vão se acalmar por completo, de modo que poderá focar toda a atenção para resolver totalmente os problemas no trabalho e no orçamento.

ANO DO CÃO
Será um ano de aparências enganosas; quando parecer que tudo vai muito bem e prenuncia um sucesso total, o resultado será o contrário. Quando mais se empenhar, menos resultados terá. Surgirão complicações por todos os lados no último minuto. Precisará ter máxima prudência e ser muita discreta nas críticas contra os demais. Também na vida afetiva é melhor adotar uma conduta moderada e racional.

ANO DO PORCO
Um ano de grande desenvolvimento e grandes satisfações, profissional, econômica e afetivamente. Os problemas que surgirem ao longo do ano serão resolvidos facilmente. A sorte lhe voltará a sorrir. Terá um lar impregnado de ternura e tranquilidade. Conhecerá novos amigos e terá sorte no amor. Mas é melhor que tome cuidado com pequenos problemas de saúde que a manterão na cama durante um curto período de tempo. Até o meio do ano vão surgir boas oportunidades.

A PESSOA DE PORCO NO AMOR

PORCO COM RATO
Um casal muito carinhoso. Atraem-se poderosamente e constroem um lar cheio de intimidade e amor. Ambos são sensuais, caseiros e afetuosos: o casamento lhes proporciona um infinito prazer. Relacionam-se bem com os amigos e se preocupam para que os pais e sogros vivam o melhor possível. Têm uma vida social ativa, sendo generosos anfitriões e afáveis convidados. A mulher de Rato é mais inteligente e resolvida que o homem de Porco, enquanto este destaca-se por sua modéstia e grande senso realista. Falam a mesma língua e não se aborrecem nunca. Além disso, o amor e a sexualidade os unem fortemente.

PORCO E BOI
Um casal de felicidade mais aparente que real. A união entre a pessoa de Porco com a de Boi seria plenamente satisfatória se não fosse por suas visões de mundo diferentes: a pessoa de Por-

co é aberta, comunicativa, indisciplinada, e procura desfrutar tudo o que pode; enquanto que a de Boi é séria, racional, organizada e não tolera gastos com esbanjamentos nem sentimentalismos. A pessoa de Porco irá se sentir insatisfeita em sua vida afetiva por não expressar livremente seus instintos, e a pessoa de Boi também não se sentirá bem tanto na vida conjugal como no trabalho.

PORCO E TIGRE
Um casal admirável. Não são parecidos, mas se atraem, amam-se e se complementam apaixonadamente. São lúcidos, trabalhadores e desinibidos. Esforçam-se para criar um futuro melhor. O marido de Porco é complacente com os impulsos às vezes irracionais de sua mulher de Tigre, enquanto que esta admira sua fidelidade, sua simplicidade e seu bom humor em situações difíceis. O marido de Porco adora a elegância, a generosidade e a nobreza de sua mulher, com quem desfruta momentos de intenso prazer e uma relação afetiva que não decai com o passar do tempo.

PORCO E COELHO
Um casal harmonioso. A união entre um homem generoso, atencioso e simples com uma mulher tranquila, amena e inteligente é altamente positiva, pois lhes proporciona um infinito carinho e sólidos laços afetivos. O homem de Porco esforça-se para que a mulher tenha o máximo de bem-estar; enquanto esta corresponde-lhe amplamente com conselhos lúcidos e uma total solidariedade. Vão se sentir satisfeitos e realizados em seu casamento por conta da sinceridade, entrega e disposição mútuas. Conseguirão tudo o que quiserem, pois não querem muito da vida e não param de trabalhar por uma maior superação pessoal e profissional.

PORCO E DRAGÃO
Um casal verdadeiramente feliz. Unidos pelo amor e pela sensualidade, entregam-se a uma paixão desenfreada que não decai

com o tempo. O homem de Porco é animado é trabalhador, esforça-se para conseguir um melhor apreço de sua mulher, com quem é condescendente e atencioso. Respeita a total independência e o predomínio dela no lar. Ele trata de se sensibilizar e mostrar sua solidariedade com os ideais dela, apesar de, no íntimo, querer que ela só fique em casa. A mulher de Dragão é ativa e possessiva, e inspira constantemente o homem de Porco na luta por seus objetivos. Com cumplicidade, responde às demonstrações de afetividade do homem de Porco. Sua convivência apoia-se em dois pilares fundamentais: o amor e as ambições pessoais.

PORCO E SERPENTE
Um casal que se repele. Há momentos em que se atraem intensamente e se entregam ao prazer com desprendimento. Mas evidentemente lhes faltam compreensão mútua e carinho. A elegante pessoa de Serpente despreza o jeito rude da pessoa de Porco, censurando com frieza seus instintos à flor da pele. Para a pessoa de Porco, a pessoa de Serpente é muito indiferente e racional. Mais de uma vez seu impiedoso sangue-frio e seu desprezo deixam a pessoa de Porco em situações embaraçosas. Essa união não serve para destacar suas virtudes, mas para ressaltar seus defeitos.

PORCO E CAVALO
Um casal despreocupado. Ambos são sociáveis e buscam a melhor maneira de desfrutar a vida. A pessoa de Porco aprecia a imaginação e a inteligência da pessoa de Cavalo, enquanto esta admira a confiança, o entusiasmo e a gentileza daquela. Compreendem o valor da tolerância e nunca fazem nada que possa ferir um ao outro. Terão um relacionamento vigoroso, sem se preocupar muito com o futuro. Seu lema é desfrutar o máximo que puderem no presente, sem se preocupar com o que virá.

PORCO E CABRA
Um casal carinhoso e sólido. A aliança entre o homem de Porco, forte e generoso, com a mulher de Cabra, terna e dócil, é

altamente gratificante, pois ambos se sentirão satisfeitos e realizados no casamento. Cuidam um do outro com carinho e se amam com paixão. Ela admira o infatigável espírito de trabalho e a simplicidade dele; enquanto este adora o bom gosto e o jeito refinado da mulher de Cabra. O homem de Porco considera um amor verdadeiro a possessividade dela, enquanto esta precisa freá-lo de vez em quando para que o casamento não sucumba ao sexo. É importante que este tenha outras dimensões afetivas e espirituais. Só assim irá renovar-se o amor com mais facilidade.

PORCO E MACACO
Um casal que se respeita, mas sem carinho. Tratam-se como convidados, intimamente coibidos e distanciados. Faltam ternura e paixão em seu relacionamento. A pessoa de Macaco é vaidosa e manifesta seu amor indiretamente, ocultando seu verdadeiro eu em sinuosas insinuações. A pessoa de Porco não entende essa linguagem e se desanima, sentindo-se frustrada. Se pudessem se comunicar e compreender melhor um ao outro, seria uma aliança feliz, já que a pessoa de Macaco é inteligente e talentosa, e a pessoa de Porco é simples e trabalhadora. Também na vida afetiva poderiam sentir-se plenamente satisfeitos.

PORCO E GALO
Um casal em discórdia. É difícil que seus princípios coincidam. Passarão a vida discutindo até os pormenores mais insignificantes. A pessoa de Galo é ranzinza e perfeccionista, não tolera nenhuma negligência ou irresponsabilidade, o que faz a vida ser impossível à pessoa de Porco, já que esta não quer sacrificar o prazer pela ordem. Irão se sentir infelizes no amor, pois a pessoa de Galo desfruta mais da imaginação e do idealismo que de algum estímulo real, e a pessoa de Porco sente-se farta das dissimulações e da psicologia sexual sinuosa da pessoa de Galo.

PORCO E CÃO
Um casal de plena confiança. Apesar de não compartilharem os mesmos princípios, em muitos aspectos, existe uma total har-

monia em seu relacionamento. A franqueza e a honestidade que caracterizam os dois constituem a base de uma convivência pacífica e agradável. São trabalhadores, fiéis e responsáveis. A pessoa de Porco é impulsiva, gentil e bonachona, tem apetite para tudo. A pessoa de Cão é valente, generosa e perspicaz. São bons companheiros, amigos confiáveis e, principalmente, amantes fiéis.

PORCO E PORCO
Um casal caseiro. Amam-se e desfrutam da vida amorosa intensamente. São desenfreados e insaciáveis ao que der e vier, com uma completa harmonia em seu relacionamento. Compreendem um ao outro muito bem e perdoam os defeitos um do outro. São modestos e hospitaleiros com os amigos, mas um tanto insensíveis com as circunstâncias. Têm entusiasmo e sensualidade de sobra, mas lhes faltam ordem e planejamento para o futuro. São materialistas que têm grande prazer em um lar cheio de comida, carinho e, provavelmente, filhos. Mas um deles precisa aprender a ser mais precavido, para evitar que se repita alguma má sorte contra seu amor e sua felicidade.

REFERÊNCIAS

AUBIER, Catherien. *Astrología China*. Barcelona: Plaza & Janés, [s.d.].

LUO XIU DE. *Horóscopo chino*. Pequim: Editorial de la Universidad Central de la Etnia, 1988.

SQUIRRU, Lydovica. *El Gran Libro del Horóscopo Chino*. Madrid: Esotérika, 1993.

WU MING SHI. *Gran Horóscopo de China*. Harbin: Editorial Hei Long Jiang, 1993.

XIAO XIAO. *Horóscopo chino*. Madrid: Extremo Oriente, 1994.